Eugen Drewermann
Vertrauen kann man nur auf Gott

Impressum

Eugen Drewermann
Vertrauen kann man nur auf Gott

Satz und Layout: Andreas Klinkert
Umschlagmotiv: absyss/photocase.de
Druck und Bindung:
Westermann Druck Zwickau GmbH
Auflage: 1/2020
© Januar 2020
Publik-Forum Verlagsgesellschaft mbH
Postfach 2010
61410 Oberursel
www.publik-forum.de
ISBN 978–3–88095–339–0

Eugen Drewermann

Vertrauen kann man nur auf Gott

*Vortrag zum
Deutschen Evangelischen Kirchentag 2019
in Dortmund.
Vom Autor überarbeitete Abschrift
des frei gehaltenen Vortrags*

Inhalt

Vorwort

Magdalene Bußmann: Liebe Freundinnen und Freunde, wiewohl es noch eineinhalb Minuten zu früh ist, denke ich, können wir ruhig beginnen.

Liebe Freundinnen und Freunde von Publik-Forum, der Leserinitiative und alle Menschen, die hier versammelt sind, ganz herzlich willkommen. Lieber Herr Drewermann, dass ich Sie mal wieder hier seitens der LIP und im Namen aller Anwesenden ganz herzlich begrüßen darf, das freut mich. *(Applaus)* Sie begleiten und inspirieren unsere Arbeit seit Jahren nicht nur regelmäßig mit Vorträgen, wir hoffen und vertrauen auch heute wieder auf die herausfordernde und wegweisende Kraft Ihrer Worte.

Heute ist ein ganz besonderer Tag für Herrn Drewermann, denn er feiert heute seinen Geburtstag *(Applaus),* und was auch immer feiern bei Ihnen bedeuten mag, jedenfalls freuen wir uns, dass Sie trotz dieses Tages hier heute die Gelegenheit sich nehmen, zu uns zu sprechen. Ganz herzlichen Dank! *(spontanes Geburtstagsständchen des Publikums »Viel Glück und viel Segen«; Applaus)*

Wenn wir etwas geübt hätten, hätten wir es im Kanon geschafft, aber ich denke, es geht auch so, ja?

Herr Drewermann, vielleicht ist es für Sie auch eine kleine Genugtuung, dass Sie seit langer Zeit zum ersten Mal in einer katholischen Kirche sprechen dürfen, und das sogar in Ihrem Heimatbistum, dem Erzbistum Paderborn. *(Applaus)* Wir freuen uns, dass diese Veranstaltung mit Ihnen hier und heute ohne jede Zensur stattfinden kann. Unser Dank gilt insbesondere der Gemeinde St. Martin und ihrem Pfarrer Dr. Klaus Korfmacher, die dieses Forum der Begegnung, der Diskussion und der Gespräche im Rahmen des Kirchentages ermöglicht haben.

»Was für ein Vertrauen«, so lautet das Motto des Kirchentages. Wir haben es für unser Programmangebot leicht präzisiert und fragen: »Mensch, wem vertraust du?«, denn weltweit ist ein massiver Vertrauensverlust in politische, wirtschaftliche und auch kirchliche Autoritäten und Institutionen zu verzeichnen. Dieser geht meistens einher mit einem Verlust an ethischen Werten und Überzeugungen, die die Menschheit zusammenhalten könnten.

Kirchentage sind, oder sollte ich besser sagen, waren einmal Orte, die eine aktuelle Zeitansage vornehmen, Orientierung und Perspektive anbieten wollen auf der Grundlage der christlichen Botschaft, oftmals ungelegen, aber niemals bequem.

Herr Drewermann, wir vertrauen Ihnen, dass es Ihnen gelingen wird, uns einige Grundgedanken zur Menschheitsfrage »Mensch, wem vertraust du?« nahezubringen. Der Hildesheimer Bischof Heiner Wilmer sagte unlängst über Sie und Ihr Wirken: »Eugen Drewermann ist ein von der Kirche verkannter Prophet unserer Zeit.« *(Applaus)*

Sie lehnen diese Bezeichnung für sich natürlich ab – trotzdem dürfen wir gespannt sein auf wegweisende, aufrüttelnde Worte Ihrerseits in der Tradition prophetischer Worte der großen Menschheitsreligionen.

Noch ein Wort in eigener Sache: Wir sind hier angewiesen, um unsere Veranstaltung durchzuführen, auch auf Ihre Spende, und am Ende der Veranstaltung würden wir Sie bitten, im Rahmen Ihrer Möglichkeit uns und unsere Arbeit mit einer Spende zu bedenken. Herzlichen Dank!

9

Teil I

Vortrag

Meine sehr verehrten Damen und Herren, darf ich sagen in der Sankt-Martins-Kirche in Dortmund, meine lieben Schwestern und Brüder! Es ist für mich wirklich ein großes Geburtstagsgeschenk, zu Ihnen sprechen zu dürfen über das, was mir am meisten bedeutet: die Botschaft Jesu und die Haltung des Vertrauens.

»Was für ein Vertrauen«?!

Die deutsche Sprache ist sonderbar. In der grammatikalischen Konstruktion sind Sätze der Bewunderung und der Infragestellung völlig gleich geformt, sodass es dem Leser oder dem Hörer überlassen bleibt, wie er betont und welch ein Zeichen er an das Ende des Satzes stellt.

Was für ein Vertrauen! Wer so betont, schreitet sicheren Fußes durch die Zeit dahin. Und genau so hören wir's betont vom Kirchentag in Dortmund. Herr Laschet kommt und erläutert, dass in diesen Zeiten der Unruhe, der Wirren, des Zusammenbruchs und der Infragestellung das Vertrauen in die Institutionen so wichtig sei.

Herr Steinmeier kommt und erklärt, dass in diesen Zeiten des Umbruchs das Vertrauen in die Gesellschaft und in die Demokratie grundentscheidend sei. Und es gibt kirchlicherseits keinen Widerspruch.

Soll es aber wirklich dabei bleiben? Wir sprächen von Gott, um die staatlichen Institutionen zu stützen, um die bürgerliche Gesetzgebung wie etwas Heiliges mit der Mandorla zu umschmücken, und wir dürften gar nicht in diesem Sinne misstrauisch, skeptisch sein oder wir wären schon Verschwörungstheoretiker? Was eigentlich ist mit den staatlichen Institutionen gemeint?

Par exemple, die Institution der Bundeswehr! Ich muss gestehen, ich habe zu ihr nicht das mindeste Vertrauen, ganz sicher nicht in die Behauptung der Regierenden, sie würde eingesetzt, um Menschen zu helfen, zu retten und Frieden zu verbreiten. Oder: Die Institution der Nato! Ich habe überhaupt kein Vertrauen, dass ihre Ostausdehnung der Versöhnung ausgerechnet mit Russland dienen würde. Die Abschussrampen in Büchel und die Umstrukturierung der Atomwaffen zu taktisch einsetzbaren Massenvernichtungsinstrumenten, von denen Frau Merkel nichts zur Kenntnis nehmen will – ich habe keinerlei Vertrauen, dass weitere Aufrüstung die Zukunft retten könnte. Oder: Die Drohnenmorde, die von

Ramstein aus geflogen werden – sollten sie wirklich unbekannt sein der eigenen Kanzlerin? Kein Unrecht gehe aus von deutschem Boden? – Keinerlei Vertrauen habe ich in all die militärischen Institutionen und in die Politik, die mit ihnen getrieben wird.

Oder: Der Überwachungsstaat.

Was macht die NSA, die CIA, der MAD, der BND? Was machen wir mit der simplen Tatsache, dass Sicherheit im Inneren heute vor allem durch das Ausgespähtwerden vonseiten der Überwachungsbehörden gewährleistet werden soll, sodass Sie keine Busstation, keinen Bahnhof, kein Hotel mehr betreten können, ohne ausgespäht zu werden, und dass Ihr Handy das sicherste Kontrollmittel ist, um noch nach einem halben Jahr Ihr Bewegungsprofil nachzeichnen zu können. Keine Persönlichkeitsrechte bestehen da mehr, die Demontage des Intimsten zur Auslieferung an die Allgemeinheit der Macht ist bestehende Routine.

Und ganz ähnlich verhält es sich international. Kein Vertrauen habe ich in die Behauptung, dass Africom *(United States Africa Command)* in Stuttgart der Entwicklungshilfe in einem notlei-

14

denden Kontinent mit über sechzig Millionen Flüchtlingen dient. Es dient mit Sicherheit der Planung geostrategischer Kriegseinsätze von Libyen über Mali, in Somalia, im Niger, im Sudan, im Kongo – wo Sie wollen.

Konkret: Sie haben in Ihrer Hosentasche mit dem Handy einen Akku, zu dessen Herstellung Coltan benötigt wird. Neunzig Prozent davon lagern im Kongo; also gehört der Kongo uns – die da unten können damit sowieso nichts anfangen; aber wir brauchen's. Also werden wir Africom einsetzen zur Überwachung, zum Triggern der lokalen Machtverhältnisse, zum Umsturz für die Etablierung von uns genehmen Regierungen, die uns aus der Hand fressen.

Misstrauen aus Vertrauen – Luther zum Beispiel

Ist derlei wirklich auf einem Kirchentag zu sagen, der zu Vertrauen einlädt? Aber unbedingt! Weil das, was wir religiös mit Vertrauen meinen, nicht die Verlängerung der Endlichkeit ins Unendliche sein kann mit der Folge eines ewigen Weiter-so, bei dem sprichwörtlich die Krise als Chance zu begreifen ist, um mit neuen Mitteln die immer al-

15

ten Fehler zu erweitern. Nötig ist ein Umbruch in allem. Doch dazu müssten wir den Satz der Bewunderung »Was für ein *Vertrauen*« anders betonen und mit Fragezeichen enden. *Was* für ein Vertrauen? Das ist eine kritische Frage. Es ist der Hammer, der endlich die Wand öffnet und das Pappmaché durchschlägt für eine gründlich andere Weltsicht.

Denn nichts in dieser Welt verdient ein gültiges Vertrauen, sondern umgekehrt: In einer Welt der Widersprüche, der Zweideutigkeiten, der Vernebelungen, der Unsicherheiten gelangt man überhaupt erst zu einer gewissen Grundlage des Daseins, indem man sich festmacht in einem Vertrauen, das unbedingt gilt.

Nehmen wir deshalb den Evangelischen Kirchentag als Anlass und als Modell, diesen wichtigen Sachverhalt zum Thema Vertrauen zu erläutern. Nehmen wir dazu die Reformation, nicht im Jahr 1517, sondern deren Durchbruch 1521 auf dem Reichstag zu Worms. Da finden wir das klassische Verhältnis von Kirche und Staat vor Augen gestellt: der junge Habsburger Karl V. erwartet, wie stets, dass der christliche Glaube die christlichen Herrscher unterstützt und fördert, indem

16

er die Untertanen in ihrem Vertrauen dahin führt, geduldig, harrend, widerspruchsfrei, praktisch und nützlich, ausbeutbar und regulierbar, sich der staatlichen Autorität submissest zu beugen.

Der Mönch Martin Luther war von dieser wie selbstverständlichen Erwartung durchaus nicht zu beeindrucken; er dachte nicht politisch, er war nicht von Hause aus staatstragend, er verfolgte nicht, wie sein juristisch gebildeter Freund Spalatin, eine wohlüberlegte Strategie in kirchenpolitischem Sinne. Heute, wenn Sie Luther sehen, steht seine Gestalt auf dem Sockel der Denkmäler vor den Kirchen, breitbeinig, sturmfest, dickbäuchig, ernährt von Katharina von Bora in jahrelanger Ehe; und also glauben wir, dass er ein Mann war von rechtem deutschem Charakter – ein Kerl von Schrot und Korn –, er hat's ihnen gezeigt!

Aber so war nicht der Augustinermönch Luther in Worms: »Selbst wenn in Worms der Teufel so viele wären als Schindeln auf den Dächern, *da muss ich hin!*« So redet man nicht in Abenteuerlaune; derlei geschieht nicht, wie Luther selber sich ausgedrückt hat, um ihnen ein Spiel anzurichten; so etwas ergibt sich als eine Notwendigkeit, in der jemand alles aufs Spiel setzt für eine Wahrheit,

17

die, einmal gefunden, es nicht mehr erlaubt, dass man sie verlässt. Für diese Wahrheit, für diese Einsicht, die über alles entscheidet, muss man geradestehen, trotz der Unsicherheit, ob die Wahrheit, die spürbar im eigenen Herzen sich zu Wort meldet, nicht doch durch Widersprüche und Gegenargumente außer Kraft zu setzen ist, ob, schlimmer, nicht das eigene Gewissen verführt sei vom Teufel. Fragen dieser Art lassen Luther in den Tagen des Reichstags los. Es lebt in ihm eine Wahrheit, die völlig im Gegensatz steht zu der üblichen Beruhigung, dass wir so viele sind, die der gleichen Ansicht huldigen. – Zum Beispiel wie heute auf diesem Kirchentag: Da kommen ein paar Tausend gleichgesinnte Christen an einem Tag in Dortmund in denselben Kirchen zusammen, und sie nehmen sich bei der Hand und versichern sich des gleichen Glaubens. Keinesfalls kann eine solche Flucht in die Menge tragend sein gegenüber der notwendigen Passage durch die Einsamkeit und durch die Ausgesetztheit, die dazu gehört, vor Gott ein Individuum zu werden. Doch gerade mit diesem Schritt beginnt die Reformation.

Die Probe aufs Exempel ist leicht durchzurechnen. Worauf lässt sich vertrauen? Auf Kaiser

Karl V.? Sicher nicht. Auf den Papst? Sicher nicht. Auf den Landesfürsten? Sicher nicht. Auf die Tradition? 1500 Jahre Kirchengeschichte haben gezeigt, wie man vor der Bergpredigt mit Siebenmeilenstiefeln wegläuft, statt wenigstens ahnungsweise sich auf sie zuzubewegen. Worauf also ist Vertrauen und Verlass? Unbedingt, hätte Luther gesagt, auf die Wahrheit, die in Gottes Wort liegt. Aber wie redet Gott mit uns?

Die Gestalt des Propheten – Jeremia zum Beispiel

Wenn einleitend eben angedeutet wurde, dass der Begriff des Prophetischen eine Vorbildfunktion hat, erinnern wir uns in der Bibel an eine Person, an der geradewegs klassisch sich zeigt, was Vertrauen bedeutet und was in christlicher Existenz uns abverlangt wird. Denn so viel ist sicher: Unterhalb der Dimension und der Kategorie des Prophetischen lässt sich eine christliche Lebensform weder führen noch erfüllen.

Was also heißt das: Vertrauen? Wir versetzen uns zurück ins 6. Jahrhundert vor Christus, näherhin ins 27. Kapitel des Buches Jeremia: Da erklärt der Mann, der unter dem Titel eines der

19

größten Propheten in der Bibel geführt wird, dass mit Sicherheit König Nebukadnezar kommen und Jerusalem vernichten werde. Es sei keine Hoffnung. Alles werde genau so geschehen, und zwar nicht in Ansehung der militärischen Stärke und Überlegenheit der Babylonier und demgegenüber der Ohnmacht des Königs in Juda, sondern weil Gott es so wolle. Was besagt eine solche Vorausschau? Ist das Defätismus, Pessimismus, Melancholie oder vielleicht gar Hass beziehungsweise reiner Masochismus?

Egal was es ist, es ist politisch auf keinen Fall zu dulden. Es zerstört das Gemeinwesen, es raubt das Vertrauen, und ein solches Vertrauen müssen wir haben. In Israel schon gar. Viele Propheten vor Jeremia haben es gesagt: Gott steht zu uns, er ist an unserer Seite, er ist treu, er hat zu uns gesprochen und seine Hilfe uns zugesichert. Darauf bauen wir. Wer denn ist König? Etwa Nebukadnezar? Oder nicht doch Gott, der im Himmel ist und hocherhaben über den Machenschaften der Menschen thront? Diese Frage verbindet auf das Engste sich mit unserem Thema: »Was für ein Vertrauen?«

In Jeremia 28, ein Kapitel später, taucht ein Prophet auf, Chananja mit Namen, der genau dies, die Zuversicht der nationalen und privaten Sicherheit, als seine Form von Vertrauen versteht. Jeremia indessen hat gewagt, die Zukunft Israels in ihrer bisherigen Form von Frömmigkeit von Gott her infrage gestellt zu zeichnen. Er steht mit dieser seiner Botschaft absolut allein. Er sieht die Katastrophe als von Gott verhängt voraus: Nebukadnezar wird kommen und die ganze Oberschicht Jerusalems deportieren nach Babylon. Und so geht er mit einem krummen Joch auf dem Rücken durch die Gassen der Stadt, um sinnenfällig zu zeigen: *Das* wird Israel in wenigen Tagen schon unvermeidbar widerfahren.

Natürlich sieht das ein national denkender, ein politisch korrekt sich befindender, ein wirklicher Verkünder des »Vertrauens«, wie man's bürgerlich gern hätte, vollkommen anders; für ihn bedeutet Gottvertrauen die Bestätigung von allem in der Verunendlichung dessen, was immer schon war und auf immer so bleiben soll. Also geht Chananja auf Jeremia zu, nimmt ihm das Holzjoch ab und zerschlägt es: »So nämlich handelt Juda am König von Babylon!«, behauptet er, siegesgewiss in seiner Art von Vertrauen als einer Festigung irdischer Wünsche, Ansprüche und Bedürfnisse, in der vermeintlich göttlichen Garantie, es werde, was auch immer geschieht, zum Guten sich wenden, weil der Allmächtige seinem Volk – uns also – unverbrüchlich beistehen werde.

Wie entgegnet Jeremia dieser Art von Vertrauen?

Es dauert Tage, bis er mit einem eisernen Joch zurückkehren wird, um zu sagen: Selbst wenn ihr das Joch aus Holz abschütteln könntet, würde umso härter und grausamer Nebukadnezar euch unter einem Joch aus Eisen nach Babylon in die Gefangenschaft entführen. – Was heißt da Gottvertrauen?

Kann es sein, dass diese eigentliche jeremianische Form von Vertrauen uns überhaupt erst die Augen öffnet für die Infragestellung von allem, was wir gewohntermaßen in robuster Selbstgewissheit für so zuverlässig nehmen? Nichts von alldem gilt in den Augen des Propheten Jeremia, außer dass Gott sich selber wirklich treu bleibt, und eben nicht im Äußeren, sondern in einem Neuanfang in unserem Herzen. Ein totaler Wandel der ganzen Existenz ist das, was da geschieht.

Wie zur Verdeutlichung hat Rainer Maria Rilke unter dem Titel »Ein Prophet« einmal mit

Blick auf die Person des Jeremia in »Der neuen Gedichte anderer Teil« als Aufruf zur religiösen Besinnung geschrieben:

»Ausgedehnt von riesigen Gesichten,/ hell vom Feuerschein aus dem Verlauf/ der Gerichte, die ihn nie vernichten,/ – sind die Augen, schauend unter dichten/ Brauen. Und in seinem Innern richten/ sich schon wieder Worte auf,

nicht die seinen (denn was wären seine/ und wie schonend waren sie vertan),/ andre, harte: Eisenstücke, Steine,/ die er schmelzen muß wie ein Vulkan,/

um sie in dem Ausbruch seines Mundes/ auszuwerfen, welcher flucht und flucht;/ während seine Stirne, wie des Hundes/ Stirne, das zu tragen sucht,

was der Herr von seiner Stirne nimmt:/ Dieser, Dieser, den sie alle fänden,/ folgten sie den großen Zeigehänden,/ die Ihn weisen wie Er ist: ergrimmt.«

Könnte es im Sinne des Propheten Jeremia und im Sinne dieses Gedichtes nicht sein, ein wahres Vertrauen bestünde in der sehnsüchtigen Erwartung einer ganz anderen Welt, Vertrauen hieße, Gott mache endlich Schluss mit unseren Lügen, in denen wir uns doch nur selbst beruhigen und betrügen, indem wir in Gott unseren Selbstdurchsetzungswillen, unseren Siegeswillen, unsere Sucht nach Ruhm und Reichtum und Erfolg in religiöser Verbrämung als einen geradezu heiligen Auftrag und, wenn's »gut« geht, als Segen des Himmels interpretieren?

Brauchen wir wirklich Hinweise auf die notorische Pseudohumanität unseres Alltags? Sie liegen auf der Hand: Wir schaffen den Frieden durch größere Rüstungsanstrengungen? Wir schaffen die Entwicklungshilfe durch bessere Kontrolle? Wir retten die über sechzig Millionen afrikanischen Flüchtlinge, die laut UNO nicht wissen, wohin, indem wir das Mittelmeer in eine Sperrzone des Militärs und der Frontex verwandeln? Müssen wir tatsächlich irgendetwas von diesem politisch als korrekt verbreiteten Irrsinn für wahr nehmen, indem wir es »vertrauensvoll« abnicken, oder sollten wir nicht im Vertrauen auf Gott die Kraft aufbringen, mit dem Ernst des Jeremia all dem zu widersprechen?

Das, ohne Zweifel, ist möglich. Wie? Man gedenkt während des hiesigen Kirchentages des Bürgermeisters von Palermo, Orlando, hier in der

Steinwache in Dortmund. Konnte dieser Mann wissen, dass er nach Jahrzehnten der Verfilzung von Democracia Cristiana und Vatikan die Mafia kleinkriegen würde, als er damit in aller Entschlossenheit anfing? Es drohte ihm, ermordet zu werden. Und nicht anders verhielt es sich bei all den Leuten in der Steinwache, deren man heute gedenkt. Es hat keinen Sinn, nur im Rückblick zu sagen, wir bedauern, was damals passiert ist im sogenannten »Dritten Reich«, und wir werden es nicht wieder tun. Wir sind in Wahrheit dabei, dieselben Fehler wieder zu begehen, nur kaschieren wir sie besser als Maßnahmen der Verantwortung und des Peacekeeping, wenn wir Tausende von Menschen im Mittelmeer ertrinken lassen, wenn wir allein seit 2001 sieben islamische Staaten zerbombt haben mit der Folge von Hunderttausenden von Toten und Millionen Flüchtlingen.

Demgegenüber besteht die ganze Kunst darin, zur rechten Zeit im Widerstand zu sein. Und das dazu nötige Vertrauen gründet nicht darin, dass wir dabei Erfolg hätten und um die Ecke, zielgerecht, durchs Messband laufen würden, weil die Geschichte uns bestätigt, sodass in wenigen Tagen schon wir geehrt Eintritt halten würden in die Halle derer, die mit irgendwelchen Bundesverdienstkreuzen umrankt werden. Es könnte im Gegenteil sein, dass unsere bürgerliche Existenz von Grund auf erschüttert wird für ein wenig Treue zu dem, was uns an Wahrheit erkennbar ist, dass unsere Identifikation mit den normalen Standards von Leistung, Aufstieg, Ansehen und Erfolg sich als Entfremdung von uns selbst erweist und wir noch einmal neu hinhören müssen auf die leise Stimme, die in uns sagt, wofür wir wirklich da sind.

Vertrauen heißt zu glauben, dass alles, was wir sind, sich hineinlegt in die Hände Gottes, aus denen wir kommen. Im christlichen Sinne ist das der Beginn eines Sich-Festmachens im Absoluten mitten im Relativen, im Unendlichen mitten im Endlichen, im Ewigen mitten im Vergänglichen.

Wissen, dass es sich so verhält, können wir in allem. Wir mögen uns stützen in dieser Welt, worauf wir wollen – es wird nicht tragen.

Freilich, die Verlängerung des Endlichen unter dem christlich-feierlichen Begriff des Vertrauens übersetzt sich heute sogar in der Seelsorge oft genug in eine Art von psychedelischem Kult. »So kann man aber auch nicht weitermachen«, wird man etwa in der Psychotechnik, beim Coaching oder sonst wo erklären; »man muss positiv denken, man muss herauskommen aus den Wiederholungsschleifen des Vergangenen, man muss nach vorn schauen. Zugegeben, die Vergangenheit war nicht schön, aber Sie haben es doch in der Hand. Wir leben heute. Also: Es ist an Ihnen, wie Sie die Zukunft gestalten. Positiv denken müssen Sie, sonst legt sich der Stress der ständigen Minderwertigkeitsgefühle und Selbstablehnungen auf Ihr Herz; selbst die Atmung wird schwer, Melancholie breitet sich aus, Ihre Lebenslust geht dahin. Stattdessen: Wir haben jetzt Sommer; gehen Sie in den Wald und sehen Sie, wie schön er ist. Betrachten Sie die Wiesen, wie grün sie sind, und die Blumen, wie bunt sie sind. Sehen Sie doch die Schönheit der ganzen Welt; trösten Sie sich mit allem, was Sie umgibt. Atmen Sie tief durch, treiben Sie ein bisschen Sport.«

All das gilt in manchen Formen von Verkündigung inzwischen als gelebtes Gottvertrauen. Doch so einfach geht es nicht. Gemessen an den wirklichen Infragestellungen unseres Daseins klingt so etwas wie ein Palliativ, und es nimmt sich aus als eine bloße Ablenkung von der Not und der Angst und der Schuld und dem zentralen Gefühl der Unberechtigtheit unserer Existenz, die unser menschliches Bewusstsein in dieser Welt notwendig begleiten und heimsuchen. Die Psychologie eröffnet in ihren therapeutischen Problemstellungen in gewisser Weise den Zugang zu den grundsätzlichen Konflikten unserer Geworfenheit in diese Welt, sie kann sie aber nicht selbst lösen.

Vertrauen als die Doppelbewegung des Unendlichen

Unabweisbar gilt: Das Endliche genügt uns niemals. Augustinus hat recht: »Unsere Seele bleibt unruhig, bis dass sie ruht in deinen Händen, Herr.« Eine Art von metaphysischer Bedürftigkeit zeichnet uns aus, die mit dem Endlichen nie zufrieden ist, und es entsteht ein Sättigungshunger nach dem Unendlichen. Einzig diese Perspektive vermag uns zu trösten. Wir gehen über diese Welt, aber wir merken in ihrer Endlichkeit, dass sie vor unseren Füßen labyrinthisch wie ein Irrgarten sich darbietet. Weder Orientierung noch Halt ist zu finden, solange wir uns selber nach den Vorgaben der Zwecksetzungen der

Biologie, der Soziologie oder der Politologie zu definieren suchen, als ob es hinreichend wäre, eine Familie zu gründen, Geld zu verdienen, Steuern zu zahlen und mit den Gesetzen nicht in Konflikt zu kommen. Alles, was uns umgibt, kann uns nicht sagen, wer wir selbst sind, und es wird zu unserem Gefängnis, wenn wir es als endgültig, als Letztes, als in sich Geschlossenes nehmen.

Philosophen wie Spinoza meinten deswegen, es bedürfe, um weise zu werden, als Erstes einer unendlichen Resignation in Bezug auf das Endliche. Er betrachtete es als eine metaphysische Enttäuschung, dass alles, was wir ringsum sehen, im Verfall begriffen ist, dass es nur gerade heute existiert, dass es in allem gefährdet ist – ein Verwirrspiel für uns selber, in dem sogar unsere Hoffnung wie in einem Kabinett von sich reflektierenden Spiegeln hin und her geworfen wird.

An dieser Stelle könnte man denken, es sei das Beste, ein Unendliches zu suchen und aus dieser Welt sich hinauszuwünschen. Aber so kämen wir niemals dahin, diese Welt in Vertrauen zu bestehen. Wir wären dann wie jene Ritter der Kreuzzüge im Mittelalter, die auf dem Wege ins Heilige

Land ständig über diese Welt hinauswollten und sie auf diese Weise nach Kräften verwüsteten. Die ganze Kunst christlicher Zuversicht, christlichen *Vertrauens,* besteht in dem, was Sören Kierkegaard einmal nannte: die Doppelbewegung des Unendlichen. Er meinte, diese Welt in ihrer Fragwürdigkeit zu begreifen, sich festzumachen im Unendlichen, in Gott, und dann kraft des Unendlichen zurückzukehren in diese endliche Wirklichkeit – das eigentlich sei, christlich betrachtet, Vertrauen.

»Was für ein Vertrauen?«, lautet unsere Frage. Die Antwort jetzt besagt: Vertrauen besteht darin, von Gott her den Zerbrechlichkeiten dieser Erde standzuhalten mit dem Wagemut zum Widerspruch und zum Einstehen für das menschlich Richtige im Ernst der Existenz, jetzt und heute. Vertrauen in diesem Sinne ist kein Wohlfühlkurs, keine Anleitung für bioenergetische Happyness oder genussvolle Selbstzufriedenheit; es ist eine Form der existenziellen Identitätssuche und -findung.

Daraus allerdings ergibt sich eine neue Art der Übereinstimmung mit sich selber, einer Zuversicht in den Grund unserer Existenz, eines Vertrauens in uns selbst, nicht weil wir so vortrefflich geartet wären, so charakterfest, so klarsehend, so souverän – all das genau nicht –, wohl aber weil wir uns umgeben fühlen von Händen, die es gut mit uns meinen; das bietet einen vertrauensvollen Unter- und Hintergrund für alles, was wir sind und tun.

Vielleicht das Probestück für wirkliches Vertrauen schenkt uns die Erfahrung der Liebe. Kaum woanders werden Menschen sich glücklicher, geborgener, getrösteter, verbundener fühlen als in den Armen und in den Herzen der Menschen, die ihnen am nächsten stehen. Ein einziger Mensch genügt für einen Menschen, sein Herz um ihn zu schließen und bei ihm zu sein und zu bleiben.

Diese Form des Glücks ist erkennbar das, wonach wir alle streben. Doch erneut ist es wichtig, gerade in einer solchen Begegnung den anderen durchsichtig zum Absoluten zu halten und ihn nicht selbst absolut zu setzen. In der Liebe begegnet uns Gott, doch gerade deshalb erlaubt sie, dass der Geliebte ein endlicher, unvollkommener Mensch sein darf. Anders werden wir, leidvoll oft, merken, wie viel an Überforderung darin enthalten sein kann, dass wir den anderen vergöttern. Die ganze Schlagerwelt zum Beispiel, die Dauerbegleitung vieler, die einen Himmel nur aus den Kunsteiswolken der Bühnenauftritte ihrer Stars kennen, verführt dazu, das Glück der Liebe, dargeboten als ekstatische Lusterfahrung, für die einfachste Form des Ersatzes für eine kaum noch vermisste Religiosität zu nehmen. Dann muss der soeben in unser Leben Getretene uns alles sein und bedeuten, und er kann uns im Rahmen einer derartigen Überhöhung und Überforderung nur immer wieder enttäuschen. Am Ende beginnen wir, jede ernste Bindung aus Angst vor dem Verlassenwerden zu meiden.

Geschichten solcher Enttäuschung bei dem Versuch, endlich einen daseinsbegründenden Halt im Leben und in der Liebe eines anderen zu finden, hören sich allemal so ähnlich an, wie vor einer Weile eine Frau es mir schilderte: »Es war so wunderbar zu spüren, wie er sich in mich einzufühlen vermochte. Er suchte die Lieder aus, von denen er wusste, dass ich sie gern mag. Die Stimmungen, die er wachrief, waren genau diejenigen, mit denen er mich berühren wollte. Er konnte sich wunderbar in mich hineinversetzen. Es war das erste Mal, dass ich so etwas erlebte.« – Diese Frau hatte viel durchgemacht, eine vollkommen zersetzte und zerfetzte Kindheit lag wie ein Schicksal auf ihrer Seele, und jetzt das erste Mal dies! Was sie niemals als Mädchen gefunden hatte bei ihrer Mutter, was sie stets vermisst hatte bei ihrem Vater – jetzt schien es zum Greifen nah, spürbar bis in die Sinnlichkeit hinein, eine Erfüllung, die nie für möglich zu halten gewesen war – jetzt schien sie als Wirklichkeit glaubhaft.

Doch dann kam alles ganz anders. Der andere ging weg aus unerklärten Gründen, unbegreifbar, warum. Seine Eltern waren offenbar gegen eine solche Beziehung, die Gesellschaft scheinbar war damit nicht einverstanden – wer ist schon gut genug für die eingebildeten Erwartungen bestimmter Kreise und Klassen? Die Frau blieb zurück nicht nur mit der bittersten Enttäuschung ihres Lebens, sondern mit einer totalen Selbstinfragestellung: »Ja, kann man denn so was wie mich überhaupt liebhaben? Hat er nicht recht gehabt, über mich hinwegzugehen und mich mit Füßen zu treten? Hab ich's denn anders überhaupt verdient? Vielleicht hat er mich nie geliebt, und ich habe mir alles nur eingebildet. Auf jeden

Fall: Es war eine Täuschung. Meine erste, meine einzige Liebe war das wirklich Letzte, ein einziges Fiasko.«

Solche Tragödien höre ich mehr oder minder in verwandelten Formen recht häufig. Sie begegnen Ihnen literarisch in zahlreichen Dramen und Romanen der Weltliteratur von »Effi Briest« bis »Anna Karenina«, von Medea über Ariadne bis zu Hero und Leander in Grillparzers bewegendem Bühnenstück »Des Meeres und der Liebe Wellen«, das schon im Titel die rauschende Macht der Liebe als eine Naturkraft im Herzen der Menschen zu beschwören versucht. Kein Geschenk des Himmels ist größer als das Glück der Liebe, nur wie nehmen wir es so in unsere Seele auf, dass es die Enge und Begrenztheit unseres Daseins nicht zersprengt? Und: Wie überwindet man das Trauma einer zerbrochenen Liebe beziehungsweise eines gebrochenen Herzens?

Das Erste wäre wohl, man müsste dem anderen etwas versprechen, das in der ganzen Welt an sich nicht vorkommt: Er, in seiner Person, mit all ihren Zweifeln, womöglich schon seit Kindertagen, neu aufbrechend jetzt durch die neuerliche Enttäuschung, besitzt einen absoluten Wert; an den kann er selber kaum glauben, und in seinem Gefühlszustand jetzt schon gar nicht. Aber wo soll ein solches Vertrauen denn herkommen, berechtigt in der eigenen Existenz zu sein, wenn nicht in der Erfahrung, von einem anderen mit allem und trotz allem gemocht zu sein? Kein Mensch kann einem anderen selber geben, was als eine unbedingte, buchstäblich bedingungslose Bejahung der eigenen Existenz in jeder Liebe gesucht wird. Doch jede Liebe öffnet das Fenster zum Licht. Und es beginnt eine neue Welt.

Der Unterschied ist absolut. Ihre Kinder kommen aus dem Biologieunterricht der Schule, und sie werden mitbringen, was dort gelehrt wird: Wir Menschen sind eine Austauschware im Haushalt der Natur, eine Übergangsspezies im Gang der Evolution. Wir sind weder gemeint noch gewollt, weder notwendig noch überhaupt berechtigt. Unsere Selbstbeschreibung könnte so ähnlich beginnen wie in der Novelle »Der Tod des Iwan Iljitsch« von Leo Tolstoi: »Er war ein überflüssiger Beamter in einer überflüssigen Dienststelle.« Diese sinnlose Überflüssigkeit aber war sein ganzes Leben. Er kam damit hoch, er verdiente damit gut, er hatte seine Ruhe, und bei seinem Tode diskutieren sie schon, wie die neue Besetzung seines Postens wem zum Vorteil sich verteilen ließe – ein Stellungsspiel mit wechselnden Puppen wie beim Schach. Was für einen Wert soll all das haben, außer dem Zynismus, dass unser Leben einen eigenen Wert gar nicht haben *darf?* Es bedeutete ein allzu kindliches Vertrauen in eine Welt, die erkennbar so anders ist, als wir sie brauchen und wünschen.

Aber wie dann? Es stimmt: Die Natur versichert uns des genauen Gegenteils. Sie sagt: Wir sind überflüssig, wir sind weder als Gattung noch als Einzelne für den großen Gang der Dinge von Belang. Dann schauen wir erwartungsvoll in die Gesellschaft hinein – darauf soll bei diesem Kirchentag zu Dortmund ja unser Vertrauen ruhen: auf der demokratischen Ordnung, auf der gesellschaftlichen Verfasstheit; wie zitiert, sagt so der Ministerpräsident von NRW. Doch was wir wirklich erleben, ist die Ausbeutbarkeit des Menschen inmitten einer verabsolutierten Renditesteigerungsökonomie, die politisch wie geistig als unüberschreitbare Selbstverständlichkeit, alternativlos, uns vorgestellt und moralisch verpflichtend gemacht wird, während sie erkennbar weltweit Zerstörung und Verwüstung hinterlässt, indem sie an die Stelle dessen, was das Leben heißt, technische Produkte und nutzbare Kahlflächen etabliert.

Sagen wir so: Es ist nicht möglich, den Kapitalismus beizubehalten und die Umwelt zu schonen, also die Tiere zu retten, die Ozeane vor Überfischung zu bewahren und die Ausrottung der tropischen Regenwälder zu vermeiden. Eine Wachstumswirtschaft kennt keine Schonung, sie kann nur immer weiterwuchern, sodass uns heute schon Statistiker erklären, dass wir bis zum Jahre 2100 vermutlich bei elf Milliarden Menschen auf diesem Globus stehen werden – vier Milliarden Menschen mehr als heute! Die alle werden die Natur noch viel anspruchsvoller hernehmen, als wir es ohnedies schon heute tun.

Alles, was da geredet wird von den großen Klima- und Umweltzielen bis 2050, ist offenbar ein Wunschbild, das absieht von dem Druck, den wir selber erzeugen. Und die Gesellschaft möchte diesen Druck weitergeben auf jeden von uns, mit dem Schulkind schon beginnend. Am besten legen wir für jedes Kita-Kind bereits eine Chipkarte an, damit seine Bildung, vor allem die digital

37

offensiv gestaltete Bildung, optimierbar wird,
wenn es drei Jahre später in die Schule kommt.
Und da spätestens werden wir ihm beibringen,
dass es gebraucht wird in der Gesellschaft wesentlich zur Sicherung des Industriestandortes
Deutschland im internationalen Leistungsver-
gleich vor allem mit den Ostasiaten – auch mit
den Amerikanern, aber das dürfen wir nicht offen
heraus sagen –, strategisch und richtungsweisend
jedenfalls für den Gang der Weltgeschichte.

Was die Natur nicht sagen kann

Dies alles verrät eine solche Unmenschlichkeit im
System, dass wir vor der Notwendigkeit eines
vollkommenen Umdenkens in puncto Vertrauen
stehen. Solange wir Sicherheit durch Kontroll-
aufsicht, Planungsvorsorge und militärische Waf-
fenmaximierung definieren und organisieren,
treibt die Angst unsere Bemühungen ins Unendliche und erzeugt genau die Gefahren, die wir zu
vermeiden suchen. Wie finden wir zu einer Haltung, die unsere Angst inmitten der Welt überwindet durch Vertrauen, oder anders gesagt: Wie
lernen wir es, uns nicht länger in die Welt der
Dinge, der Geschäfte und Gegebenheiten zu ver-

krallen, sondern unser Bedürfnis nach absoluter Berechtigung im Dasein vom Absoluten her zu beantworten?

Kommen wir noch einmal auf jene Frau in ihrer Verzweiflung zurück. Sie trägt in sich einen absoluten Wert. Doch die Natur kann einen solchen nicht erkennen, sie ist blind dafür. Die Gesellschaft kann und will einen solchen weder erkennen noch anerkennen. Es bleibt nur dies: dass Sie selber dieser Frau begegnen und ihr zuhören; das allein, wenn es gutgeht, lässt aufschimmern ein Unendliches an Wert. Nichts brauchen Sie dazu mehr als die Bereitschaft zuzuhören, als eine gewisse Empfindsamkeit für fremdes Leid, als die nötige Zeit, die Sie dafür investieren. All das macht den anderen im Glanze seines Wertes unausweichlich immer strahlender. Sie legen keinen Wert von sich her in ihn hinein, Sie sehen ihn vielmehr von innen her immer leuchtender sich verbreiten. Und weil Sie das spüren und entsprechend begleiten, wird es irgendwann auch im Inneren der umdüsterten Seele des anderen sich aufhellen. Da entsteht ein Ort, an dem Sie von Gott nicht explizit sprechen müssen; aber überzeugt sein müssen Sie selber von diesem absoluten bejahenden Hintergrund der Welt, sonst werden Sie dieses Vertrauen in den anderen, bis dass es in ihm selber aufreift zu Selbstvertrauen, niemals aufbringen können. Sie raten dem anderen nicht, was er alles tun und machen müsste, um sein Styling und seine Performance, sein Außenprofil und seine Außenwirkung zu perfektionieren; Sie sind bestrebt, *von innen her* den anderen zu verstehen, und je mehr Ihnen das gelingt, desto mehr werden Sie beginnen, ihn wertzuschätzen.

Wohlgemerkt, empirisch gibt es zunächst gar keine Gründe, den anderen zu mögen; er liegt wirklich am Boden, er weiß wirklich nicht weiter. Alle Argumente, die er vorbringt, dass er nicht liebenswert sei, dass er sich noch nie habe geliebt fühlen können, treffen vollkommen zu. Doch gerade nun: Gegen diese Welt, gegen diesen Zerbruch in allem Endlichen müssten Sie vom Himmel herab das Vertrauen mitbringen, dass er vollkommen anders ist – dass er nicht nur anders sein kann, sondern wirklich *ist*. Dieser Mensch vor Ihnen ist absolut kostbar, doch der einzige Grund, so zu glauben, ist nicht die Natur, nicht die Gesellschaft, nicht die Geschichte; der einzige Grund dafür, so zu glauben, ist das, was wir Gott

40

nennen – ein Unendliches an Zuwendung, das möchte, dass dieser einzelne Mensch ist, und das alle Schönheit in ihn hineingelegt hat und nun bewirkt, dass sie sich endlich in Vertrauen freisetzt und zum Leben aufwächst.

»Aber dann bräuchte ich doch«, sagte diese Frau, »endlich mal jemanden, dem ich so etwas wie Gemochtwerden glauben könnte. Wissen Sie, ich möchte nicht wieder verraten werden, nicht ein zweites Mal. Ich kann eigentlich keinem Menschen mehr trauen.« – Dieser Einwand ist subjektiv sehr verständlich, und er mag die Theologen sogar an das Wort aus Psalm 116,11 erinnern: »Ein jeder Mensch ein Lügner.«

Vom Vertrauen durch Liebe und Verstehen

Das Entscheidende dabei aber ist, dass Sie die Lügen der Menschen, das Moment, einander zu verraten, selbst in den dichtesten Empfindungen, im Zerschneiden von Bindungen, auf die das ganze Leben gesetzt war, nicht stehen lassen können, wenn Ihnen der andere wirklich am Herzen liegt, und das geschieht, einfach indem Sie beginnen, ihn zu lieben. Und anders ist es gar nicht möglich! Wohl, Sie haben keinerlei empirische Gründe,

41

ihm zu vertrauen, ganz im Gegenteil: Je länger Sie es mit ihm zu tun haben, wachsen womöglich Ihre Zweifel, ob die Begegnung und die Auseinandersetzung mit ihm einen guten Ausgang nehmen kann. Aber es ist, wie wenn Sie sich mit dem anderen in ein Boot gesetzt und vom Kai abgelegt hätten und wären nunmehr mit ihm unterwegs auf ein Ziel hin, das Sie selber nicht kennen: Der andere aber hat's gesagt, dort, in Richtung des Polarsterns, sei es zu finden, geradewegs durch die Nacht hindurch, immer weiter; dann, hinter dem Horizont, werde ein neuer Kontinent sich offenbaren.

Es verhält sich nicht so wie bei Kolumbus, der nach Indien wollte und Amerika entdeckte. Es ist einfach so, dass Sie an der Seite des anderen im Vertrauen des Absoluten weitermachen im Endlichen, wo es Gründe zum Vertrauen sonst durchaus nicht gäbe. Und dann darf man sagen: Alles, was Menschen wirklich guttut, sind nicht die Fitnessprogramme, nicht die Ertüchtigungskonzepte, sondern diese Art der Begegnung, die Erfahrung einer unendlichen Geborgenheit in dem Vertrauen, gemeint zu sein, reifen zu dürfen, aufwachsen zu können ins Licht.

Dagegen freilich stehen Erfahrungen, die, schwergewichtig, die Wege nach rückwärts wie nach vorwärts zu versperren vermögen. *Schuld* ist so ein Wort. Stets, wenn Sie es im Umgang mit sich selber benötigen und benutzen, können Sie es identisch setzen mit dem Zerbrechen eines Vertrauens, das andere in Sie einmal gesetzt haben und die von Ihnen enttäuscht wurden. Schuld bedeutet, dass etwas zerbrochen wurde, das in seiner Schönheit unersetzlich ist – wie wenn an Ihrem Fenster eine chinesische Vase stünde, ein Erbstück Ihrer Eltern, eine Kostbarkeit, wohlgehütet durch die Zeit, aber dann: eine schnöde, ungeduldige Bewegung mit dem Ellenbogen stößt sie vom Brett und lässt sie auf dem Boden zersplittern, unwiderrufbar, unreparierbar.

Wenn Schuld so wirkt, wie soll ein Mensch dann damit leben? Wieder: Im Psychocoaching müssten Sie sich jetzt Ratschläge anhören von der Art: »Vergiss es; es war ein Unfall. Vielleicht hast du es gar nicht gewollt; du warst wirklich nur ein wenig durcheinander; schau nicht immer drauf, was da passiert ist, das Leben geht weiter; da brannte ein verheerendes Feuer, jetzt aber wächst Gras drüber – lass es wachsen. Du musst nicht immer wieder denken in den Vorwürfen: Was hab ich falsch gemacht?«

Solche Ratschläge sind gewiss gut gemeint, doch so einfach geht es nicht. Wir sind schuldig geworden, und es arbeitet in uns mit immer derselben Frage: Wie konnte das sein?, und im Hintergrund: Wer bin ich denn selber, dass mir so etwas passiert ist?

So sind all die Fragen im Umgang wirklichen Vertrauens: Sie nehmen das Zerbrechen an der Oberfläche und bohren sich hinein in die Fragestellung des eigenen Wesens, und da findet sich die Antwort allein in einem Gegenüber, das absolut zu uns spricht als bejahend, bestätigend, bewahrend und tröstend.

Im Französischen pflegt man zu sagen: Alles verstehen heißt alles verzeihen. *Tout comprendre c'est tout pardonner.* Das stimmt. Denn je mehr wir von innen her die Not eines anderen nachvollziehen, mitvollziehen, mitdurchleiden, öffnet sich's zu einer Verbundenheit, die den Schmerz der Trennung überwindet. Mit einem Mal wird es möglich, das, was den anderen dahin trieb, Dinge zu tun, die destruktiv und zerstörerisch sind, so zu begreifen, dass es wieder ein Teil des Menschlichen in ihm wird und er selber in den Kreis der Menschen zurückgeführt wird; die Wege führen nicht mehr auseinander – vielleicht auf lange, lange Jahre hin, womöglich ein ganzes Leben lang; man darf sich im Gegenteil getrauen, wieder in Kontakt zueinander zu treten und auf eine Überwindung der schuldhaft eingetretenen Zerstörung zu hoffen.

Über Schuld hinwegzureifen ist mithin *eine* der Formen, die Trostlosigkeit des Endlichen zu öffnen im Vertrauen. Was in unserem Leben wäre ohne eine solche Perspektive auf Reifung und Vergebung in der Zuversicht einer unbedingten und absoluten Annahme unserer Person jenseits aller Schuld schon vertrauenswert? Wir beginnen etwas, und wir haben keinerlei Garantie für einen Erfolg. Eine solche Garantie wäre völlig eingebildet. Natürlich, vor der nächsten Wahl etwa müssen wir als Abgeordnete oder Mitglieder einer politischen Partei so tun, wie wenn wir über ein ganz sicheres Programm verfügten, doch wir wissen bereits: Nach der Wahl wird bald schon alles wieder ganz anders sein. Es kann demnach die Wahrheit, die in unsrem Leben liegt, nicht darin bestehen, dass wir in unserem Tun am Ende mit

Erfolg gekrönt würden. Die Dinge müssen stimmen in sich selber, egal, was bei ihnen herauskommt. Dass sie richtig begonnen, richtig motiviert, mit der eigenen Identität gedeckt sind, das ist das Entscheidende; den ganzen Rest aber, die Wirkung in der Zukunft, kann und muss man getrost in die Hände Gottes legen. Dass wir es richtig meinen und dann vielleicht sogar ein Stück weit richtig machen, ist das Äußerste, was wir an Zuversicht von Gott her für diese Welt haben können. Dieses Vertrauen aber gilt wirklich.

Von Irrtum und Vergänglichkeit

Vor allem: Was immer wir tun, wir müssen mitansehen, wie viel auf Abbruch wir getan haben, wie vieles an dem Besten, was wir gemacht haben, womöglich auf Irrtum beruhte. Wir haben uns seinerzeit engagiert und angestrengt, doch es ist widerlegt worden durch bessere Erkenntnis, die nur jetzt für uns allzu spät kommt. Immanuel Kant konnte das als das größte Übel des menschlichen Lebens bezeichnen, dass die Entdeckung, wie man hätte leben sollen, uns zu einem Zeitpunkt erreicht, wo es zu spät ist, es auch so zu tun. Immer kommt die Weisheit zur Unzeit, meinte

Kant und berief sich dabei schon auf den Dichter Horaz im antiken Rom.

Diese Frage stellt sich daher als die wohl wichtigste, wenn es um Vertrauen geht: Was machen wir mit der Endlichkeit und Vergänglichkeit, mit der Vorläufigkeit und Vergeblichkeit unseres Daseins, das, wie eine Fahrkarte, die über die Zeit gekommen ist, all das entwertet, was wir dafür eingezahlt haben? Vertrauen kann sich nur ergeben, wenn wir unser ganzes Leben aus der Endlichkeit hinüber ins Unendliche öffnen.

Wie also gehen wir um mit der sicheren Tatsache unserer Sterblichkeit? Was für ein Vertrauen haben wir da? Ohne den Hintergrund des Unendlichen hätten wir, bei aller Skepsis, allenfalls ein bisschen Vertrauen zu unserem Arzt, zu einem Kardiologen womöglich oder einem Onkologen. Wenn's wirklich ernst wird, holen wir einen Arzt. Was aber wird der tun, um unser begrenztes Vertrauen zu lohnen? Er wird in einem gefüllten Wartesaal uns vorladen für maximal zehn Minuten Gespräch; mehr bezahlt die Krankenkasse nicht. In dieser Zeit kann er ein paar Messwerte einsammeln, Ihre Beschwerden anhören, sie diagnostisch abgleichen mit dem Tableau der infrage kommenden Diagnosen und Krankheitsursachen, die sich vermuten lassen, und dann wird er Ihnen verschreiben, was Sie in der nächsten Apotheke abholen können – dreimal täglich ist es einzunehmen. – Setzen Sie darauf Ihr Vertrauen?

Unsere ganze Gesellschaft bringt uns bei, dass wir im Grunde nur dieses Leben haben und um dieses Leben kämpfen müssen. Um unsere Gesundheit müssen wir kämpfen mit allen Mitteln, wir dürfen nicht aufgeben, wir müssen stark sein, wir müssen durchhalten. Dann kommen womöglich noch die amerikanischen Prediger aus dem Bible Belt und lesen uns aus der Bibel vor, wie es richtig ist: Wir müssen gegen die Feinde angehen, Gott ist mit uns, wir müssen nur durchhalten, wir müssen stark sein – wir werden die Amalekiter schlagen, die Kanaanäer vertreiben. Denn: Gott ist mit uns. – Dieser Spruch stand sogar einmal auf dem Uniformkoppel der Nazis: Immanuel, Gott ist mit uns, nach dem Heilig-Krieg-Wort von Jesaia 7,14. Doch eine solche Zuversicht hat, äußerlich genommen, mit Vertrauen überhaupt nichts zu tun. Vertrauen besteht darin, die Endlichkeit zu akzeptieren und jene *Ars moriendi,*

48

jene Kunst des Sterbens zu erlernen, von der die Alten sprachen. Das aber ist identisch damit, in die Zerbrechlichkeit des Irdischen zurückzukehren kraft des Unendlichen. Dann, in der Tat, begriffen wir alles ganz anders.

Vertrauen angesichts des Todes

Denn dann sähen wir, dass der Tod nichts weiter ist als das Sich-Öffnen eines Vorhanges, der diese Welt jetzt noch umdunkelt, doch der, wenn er sich hebt, uns eintreten lässt in ein Licht, in dem wir endlich uns selbst und alles umher endgültig verstehen werden. Keine Trennungen bestehen dann mehr unter uns Menschen, sondern die Liebe setzt ihre Flügel frei von den Begrenzungen, den Einengungen, den Interessenwidersprüchen, den Gegensätzen, den Ausschließungen und den Ausschließlichkeiten, die hier auf Erden sich so schmerzlich geltend machen. Zutrauen ist letztlich die Zuversicht, dass der Tod gar kein Tod ist, sondern nur der Beginn eines richtigen Lebens, so wie wir es in diesem schattenverwirrten Leben kaum je ahnen können. Endgültig schreiten wir im Tode hinein in die Erfüllung und Vollendung unseres Daseins.

Mitunter hören Sie, wie am offenen Grabe sogar christliche Pfarrer, in der Not der Frage, was man denn noch sagen darf, wo kaum noch Gläubige sich finden im Kreise der Trauernden, den Todesanzeigen folgen, in denen es heißt: »Da, wo wir sind, wirst du leben.« Das ist lieb gemeint, aber es kann so nicht stimmen, weiß doch ein jeder, dass ein solch frommer Wunsch der Wahrheit nicht entspricht. Wir sind genauso wenig ewig wie der gerade von uns Gegangene, und so, wie wir uns an ihn erinnern, beruht vieles, wo nicht das meiste, auf Projektionen und Verformungen unserer eigenen Bedürftigkeit, durchsetzt zudem noch von den weißen Flecken der Vergesslichkeit, alles in allem eine wohlwollende Schönfärberei im Übergang zum Gleichgültigwerden.

Ein anderer Gedanke lautet: Wir leben weiter in unseren Kindern; doch auch dieser Trost trifft nicht zu. Unsere Kinder sind nicht unsere Kinder; wir dürfen gar nicht in ihnen weiterleben wollen – so tröstlich es auch ist, wenn am Muttertag, wenn zu Weihnachten, ein Enkelkind kommt mit Blumen und in Dankbarkeit – es wäre ja nicht ohne die Mutter, ohne die Großmutter. Menschlich stimmt diese Verbundenheit; doch damit sie zur Wahrheit kommt, brauchen wir einen unendlichen Horizont der Zusammengehörigkeit und des Wiedersehens.

Am wenigsten gilt der Gedanke, dass wir ja in jedem Falle weiterlebten im Raum der Natur. Wohl, immer geht es ja weiter: Die Blumen blühen im Frühling, die Trauben reifen im Herbst, nichts von der Natur geht verloren. Auch den physikalischen Satz bemüht man nicht selten, dass wir ja an die Pflanzen, an die Tiere uns selber mit all der in uns gespeicherten Energie weitergeben. Doch wer so denkt, vertut sich im Ganzen: Die Natur wirkt im Falle des Todes als Erstes dahin, aufzulösen, was sie geformt hat, und insofern ist der Tod identisch mit dem Abbau der Organisationsstufen unseres Lebens herunter von der Biologie zur Chemie bis zur Physik, bis hin zur Abstrahlung des kleinsten Gammaquants zur Vermehrung der Entropie des Universums. Von uns als Struktur, als Person, als Geist lebt auf dieser Ebene genau gar nichts weiter – nicht in der Natur.

Umso wichtiger ist es, dass wir uns auf dem Weg unseres Daseins hinüber beziehen auf die Sphäre ewigen Lebens in den Händen Gottes, der möchte, dass wir sind, und uns unter die Augen der Macht begeben, der wir in Wirklichkeit unser Dasein verdanken. Wir schauen uns selber an und die Menschen an unserer Seite, und wir wachsen zusammen in einer Liebe, in der wir alles verstehen, in einem Vertrauen, das rettet; und schon jetzt, auf dem Wege dahin, können wir uns von einer Liebe begleitet fühlen, die uns hilft, auch die Störfälle zu überbrücken, die wir sonst voller Enttäuschung und Verbitterung als etwas Unüberwindbares verbuchen würden.

»Wenn es Gott gäbe, hätte er das nicht zugelassen!«, klagte einmal eine Frau in ihrer Enttäuschung. Sie meinte damit, dass ihr Mann über ein Jahr lang hin, gut versorgt zwar, aber im Grunde doch elend, dahingegangen war und für sie jeder Tag eine stundenlange, eine endlose Belastung bedeutete. So in der Tat muss es erscheinen, wenn wir nur diese Welt in ihrem Zerfall und ihrer Endlichkeit betrachten. Dann ist durchaus kein Gott erkennbar.

Vielleicht ist es aber gar nicht so; vielleicht ist der Tod nicht die Widerlegung Gottes, sondern nur die Öffnung zu ihm hin, und all die kleinen und großen Tragödien, Enttäuschungen und Krisen des Endlichen bilden die Öffnungsstellen; sie schlagen das Loch in die Wand, durch das wir schon hier hindurchzusehen vermögen in diese andere Wirklichkeit, die Gottes ist.

Einzig von dort kommt ein wirkliches Vertrauen, ein anderes ist kaum möglich. So aber können wir gefestigt und zuversichtlich all die Widersprüche der Endlichkeit unseres Daseins nach und nach durcharbeiten. Plötzlich haben wir Zeit, denn wir blicken auf in die Ewigkeit Gottes. Mit einem Mal können wir gütig sein, denn wir sind weniger verletzbar; wir können vielmehr eine gewisse Zuwendung aufbringen, weil wir selbst, in Vertrauen getragen, offener sind; wir müssen uns nicht immer von Neuem schützen vor möglichen Verletzungen. Wir können selber in Übereinstimmung mit uns leben und eine Wahrheit in die Welt bringen, die nicht ständig durch Lügen, Tarnungen und Mimikryspiele sich verstellen muss. Endlich dürfen wir werden, wer wir wirklich sind, im Hoffen, es endgültig bleiben zu dürfen. So nimmt Gott uns bei der Hand, Stufe für Stufe, durch dieses Leben hindurch in seine Welt, auf die hin er uns geschaffen hat. Noch mal mit dem Wort des Augustinus am Anfang seiner *Be-*

kenntnisse: »Denn unruhig ist unser Herz, bis dass es ruht in dir.«

Menschsein ist dieser Hunger nach Unendlichkeit, ist diese metaphysische Unzufriedenheit an allem Endlichen, ist dieses Ausgreifen zu den Sternen, um damit zurückzukehren hier in diese Welt.

Ich möchte endigen mit dem vielleicht schönsten Lied der Christenheit. Um 1200 nach Christus lebte Stephan Langton als Bischof in England unter König Johann Ohneland. Sie entsinnen sich, dass in seine Zeit die Tragödie des Thomas Becket fällt – 300 Jahre später in der Zeit Heinrichs VIII. kommt es zu der Tragödie des Thomas Morus. Immer sehen Sie Gläubige vor sich im Vertrauen zu Gott, die eben deshalb keinerlei Vertrauen mehr haben in die Verwaltung der Herrscher und die ihnen widersprechen bis zur Gefahr ihres Lebens. Stephan Langton stand im Widerspruch zu seinem König, auch zu seinem Papst, aber er war in Canterbury einer der Weisesten und Besten seiner Zeit. Ihm schreibt man einen Hymnus zu, der auf Lateinisch überliefert ist und allein in den Sprachspielen auf wunderbare Weise aufklingt: *veni pater pauperum – veni, dator munerum; flecte quod est rigidum, fove, quod es frigidum.* Ein einziges Wort – *pater, dator, rigidum, frigidum* – ändert sich, und die ganze Wirklichkeit öffnet sich zu einer anderen Ebene der Wahrnehmung. Auf Deutsch ist das Gebet nicht leicht zu übersetzen, aber es könnte klingen wie in den alten Gebetbüchern als Pfingstgesang, hoffend, dass das, was Jesus zu sagen hatte, was er gelebt hat, nach seinem Tode in uns lebendig bleibt, indem er uns seinen Geist schenkt, sodass wir uns selber, die Menschen an unserer Seite, die ganze Welt beginnen mit seinen Augen zu betrachten. Da setzen wir uns neben ihn und blicken mit ihm zum Himmel, um sein Vertrauen in unsere Existenz aufzunehmen. Dann ist es, als gingen wir, wie im 14. Kapitel des Matthäusevangeliums, auf Jesus zu über das wogende Wasser des Sees von Genezareth, und es saugte uns nicht, wie es nur natürlich wäre, in den Abgrund, sondern es trüge uns wunderbarerweise hinüber ans andere Ufer.

Bei Stephan Langton heißt es, als Bitte in der Zuversicht ihrer Erfüllung: »Komm, oh Geist der Heiligkeit, aus des Himmels Herrlichkeit sende deines Lichtes Strahl. Vater aller Armen du, aller Seelen Trost und Ruh, komm mit deiner Gabenzahl. Tröster in Verlassenheit, Labsal voller Lieblichkeit, komm, du guter Seelenfreund. In Ermüdung schenke Ruh, in der Glut hauch Kühlung zu, tröste den, der trostlos weint. Oh du Licht der Seligkeit, mach dir unser Herz bereit, zieh in unsere Seelen ein. Ohne dein lebendig Wehn nichts im Menschen kann bestehn, nichts ohn' Fehl und Makel sein. Wasche, was beflecket ist, heile, was verwundet ist, tränke, was da dürre steht. Beuge, was verhärtet ist, wärme, was erkaltet ist, lenke, was da irregeht. Heilger Geist, wir bitten dich, gib uns allen gnädiglich deiner Gaben Siebenzahl. Schenke uns der Tugend Lohn, lass uns stehn an deinem Thron, uns erfreun im Himmelssaal.«

Der Bürgermeister von Dortmund begrüßte den Kirchentag mit: »Glück auf, Halleluja.« Wenn's so wäre, möchte ich's zum Ende wiederholen: Behüt' Sie Gott.

Danke schön für Ihre Aufmerksamkeit. *(langer Applaus)*

Teil II

Eugen Drewermann antwortet
auf Fragen aus dem Publikum

Magdalene Bußmann: *Danke, Herr Drewermann, für Ihre herausfordernden, hoffnungspendenden und irgendwie auch vertrauenstiftenden Worte. Und jetzt eine Bemerkung: Herr Drewermann muss um Punkt sechs Uhr gehen, und er wird jetzt selber die Wortmeldungen moderieren, wie das so seine souveräne Art ist, und, wie gesagt, um sechs Uhr ist dann seine Deadline.*

Ich gebe jetzt das Mikrofon wieder an Sie.

Eugen Drewermann: Tatsächlich: Am besten sammeln wir Ihre Fragen, denn dann können wir die Zeit kalkulieren und auch die Schwerpunkte Ihrer Themenstellung. Alle Fragen werden wir sicher nicht aufnehmen, aber ich höre gerade schon den Hinweis auf das Africom in Stuttgart …

Zuhörer: *Also erst mal vielen Dank für das Geburtstagsgeschenk [Ihres Vortrags].*

Ich habe zwei Fragen: Africom, Sie haben's genannt. Ich komm aber grad von Steinmeier; er hat einen Vortrag über Digitalisierung (Zwischenrufe wegen der Verständlichkeit) gehalten, also kurz: Wie schätzen Sie diese Lage ein, Digitalisierung? Es wird ja immer gesagt, es ist eine Wohltat, aber es wird nicht über Militarisierung gesprochen, über Kommerzialisierung, über Überwachung. Wie kriegen wir das in den Griff, dass die Digitalisierung zum Wohl des Menschen da ist und nicht, dass wir nachher den Maschinen gehorchen?

Eugen Drewermann: Die Digitalisierung, Gefahr oder Chance, so wird das meist politisch ausgedrückt, was kommt da auf uns zu? – Wir sammeln einfach mal weiter die Fragen.

Zuhörer: *Meine Frage: Sie haben ja etwas von der Evolution gesagt, würden Sie meinen, dass das, was wir Gott nennen, in der Evolution sich entfaltet zum Kosmos in der Natur wie auch in der kulturellen Evolution der Menschen?*

Eugen Drewermann: Eine schöne Frage, die viele haben heute: Ist Gott nicht selber sich entfaltend in der Evolution? Das ist eine Formel, mit der manche Theologen heute Naturwissenschaft und Glauben verbinden möchten. Umso wichtiger, dass Sie die Frage stellen, aber auch die Skepsis im Vortrag schon gehört haben, mit der dieser Gedanke auftaucht. – Wir sammeln mal einfach weiter.

Zuhörer: *... über Auferstehung ...?*

Eugen Drewermann: Genau, über Auferstehung. Sie haben gespürt, dass dies ein Hauptanliegen dessen ist, was ich heute zum Thema Vertrauen sagen wollte. Eine Welt, die auf Abbruch gestellt ist, ist wenig vertrauenswürdig; eine Welt, die sinnlos zerstört, was wir gerade aufgebaut haben – wo soll in der Vertrauen herkommen? Umso wichtiger scheint mir der Glaube an Auferstehung; ich gehe da gerne noch drauf ein.

Zuhörer: *Stichwort »Fridays for Future«.*

Eugen Drewermann: Ja. Fridays for Future, rettet das Klima, eine Jugendbewegung auf politischem Vormarsch.

Zuhörerin: *Im politischen und wirtschaftlichen Raum – braucht man da nicht Sachkenntnis, bevor man Vertrauen richtig gebraucht? Komm ich da nur mit Vertrauen aus? Oder bin ich dann derjenige, der belächelt wird?*

Eugen Drewermann: Was ist mit Vertrauen? Gehört dazu nicht auch Sachwissen, begründete Argumente, die uns zeigen, was verlässlich ist? Das kennen Sie etwa bei dem FDP-Chef, Herrn Lindner, der der Jugendbewegung Fridays for Future bescheinigte: »Ihr habt von nichts 'ne Ahnung, lasst lieber die Experten ran.« Und Sie sagen jetzt, vielleicht stimmt's ja. Man kann nicht blind in die Zukunft torkeln, man sollte irgendwie wissen, worauf man zugeht und wie es gemacht wird. – Sehr schön, wir kriegen 'ne Menge Aspekte bei solchen Fragen.

Zuhörerin: *Brauchen wir einen persönlichen Gott? Der persönliche Gott kommt mir mehr und mehr* *abhanden durch das, was wir über den Kosmos wissen.*

Eugen Drewermann: Der persönliche Gott und der Kosmos – ich bring das mal auf diese Formel.

Zuhörer: *Ganz eng hängen zusammen die Wörter Glauben und Vertrauen, also: ist das nur eine Doppelung oder ist das ein wesentlicher Unterschied?*
Eugen Drewermann: Sehr schön. Was ist mit Glauben und Vertrauen? Nehmen wir das mal als vorletzte Frage, sonst bekommen wir Zeitschwierigkeiten.

Zuhörer: *Welche Implikationen ergeben sich für die Gemeinde, die Tischgemeinschaft?*
Eugen Drewermann: Welche Aspekte ergeben sich für die Gemeinde, zum Beispiel für die Tischgemeinschaft? Ich hör dabei den Begriff Eucharistie beziehungsweise sonntägliche Messfeier katholisch, Abendmahl protestantisch heraus. Was ergibt sich daraus?

Ich versuche jetzt mal, darauf zu antworten; wenn weitere Fragen auftauchen und noch Zeit bleibt, können wir natürlich gerne versuchen, auch die noch einzubringen.

Glaube als Nicht-Wissen – ein zentraler Fehler gegenüber den Naturwissenschaften

Ein guter Ausgangspunkt ist Ihre vorletzte Frage: Was ist mit den Begriffen Glauben und Vertrauen? Ist beides dasselbe oder etwas Verschiedenes? Entscheidend ist, dass wir im Deutschen, aber auch im Griechischen des Neuen Testamentes »Glauben« fast immer verstehen als bezogen auf Sachinhalte, die wir noch nicht wissen. In der Philosophiegeschichte des Abendlandes ist das bis ins 19. Jahrhundert hinein religionskritisch ein ständiges Thema gewesen.

Glauben ist *nicht* Wissen. Wenn das gilt, ist der Glaube irrational und steht in der Pflicht, durch Wissen überwunden zu werden. Also, meinte Feuerbach, basiert er überhaupt nur auf Unwissenheit; seine Hauptgründe sind Angst und Magieerwartungen. Darauf aufbauend, konnten die Kommunisten in der DDR eine Kulturpolitik betreiben, die die Zuversicht hatte, dass im Fortschritt von Wissenschaft und Technik die ganze Religion von allein ausstürbe. Und wirklich: Man betet nicht mehr gegen den Blitzeinschlag mit Palmenzweigen, man baut einen Blitzableiter an

63

die Hauswand, ganz einfach. Inzwischen hat man die Maxwellschen Gleichungen begriffen und kann sie praktisch anwenden; kein Hokuspokus ist mehr nötig.

Was sich da zeigt, ist von grundsätzlicher Bedeutung. Wenn wir Glauben im religiösen Sinne so verstehen, als Festhalten an Inhalten, die wir nur leider noch nicht wissen, werden wir erleben, dass von Lichtung zu Lichtung die Zonen der Unwissenheit durch die Fortschritte der Erkenntnis eingeengt werden und Gott gewissermaßen aus den Restzonen der Unwissenheit in die Flucht getrieben wird. Das aber ist der Zustand der Theologie im ganzen 20. Jahrhundert gewesen und, ich glaube, bis in die Gegenwart hinein geblieben. Immer hat man Gott in Verbindung gebracht mit dem, was wir noch nicht wissen; das galt als das Geheimnisvolle, Unbeherrschbare und eben deshalb Göttliche.

Die Folgen dieser Fehldefinition des Glaubens zeigen sich auf jeder Ebene der erkennbaren Wirklichkeit. – Als ich zur Schule ging, habe ich noch gehört, es sei unmöglich, dass der Mensch vom Affen abstamme. Pius XII. hatte gerade eine Enzyklika herausgegeben, *Humani generis,* in der er schrieb, dass zwar der Körper des Menschen, wie manche Knochenreste paläontologisch zeigen, im Zusammenhang stehe mit den Tieren, nicht aber der Geist, nicht aber das Bewusstsein. Die Seele des Menschen sei so einzigartig, dass nur ein Eingriff Gottes in den Gang der Welt uns als Menschen habe hervorbringen können.

Und wie sollte das Leben auf der Erde entstanden sein? Darauf hatten die Naturwissenschaften damals keine Antwort; also fühlten die Theologen sich sicher: Um aus unbelebter Materie Leben zu schaffen, musste Gott einen neuen Schöpfungsakt gesetzt haben, wie es in Genesis 1 ja auch erzählt wird. Es war vor fünfzig, sechzig Jahren nicht vorhersehbar, dass wir eine komplexe Chemie aufbauen könnten, die uns erklärt, wie Leben auf dem Planeten Erde möglich ist. 1952 hatten Crick und Watson gerade die Doppelhelix als Modell der Genmoleküle entdeckt – das war der Anfang. Aber wie die Biochemie dahin kommt, wusste man nicht. Das Wissen darum, wie Aminosäuren sich synthetisieren, stand ganz am Anfang. Also musste auch hier Gott eingegriffen haben, als das Leben entstand. An jeder

Stelle, wo wir etwas noch nicht wussten, war ein Eingriff Gottes zu gewärtigen.

Oder die Entstehung des Weltalls. 1927 entdeckte Edwin Hubble, dass sich die Spiralnebel voneinander entfernen. Der nächste, M31, ungefähr zwei Millionen Lichtjahre von uns entfernt, bewegt sich, erkennbar an der Rotverschiebung der Spektrallinien des ausgesandten Lichtes, von unserer Galaxie fort. Also muss, wenn alle Nebel im Kosmos sich voneinander entfernen, man rückrechnen können, wann die Galaxien einmal zusammen waren. So kommen wir zu der Theorie des Urknalls; und dann werden Sie Ihre Kinder schon mit der Dauerfrage beschäftigt finden: »Was ist denn jetzt? Glauben wir an die Schöpfung *oder* an den Urknall?«

Dieser Tage noch schrieb mir eine ziemlich verzweifelte Frau aus Tschechien: »Ein schlauer Professor hat genau so gesagt: Es gibt keine Schöpfung, die Welt ist durch den Urknall entstanden. Was soll ich denn jetzt glauben?«

Ich erwähne das so ausführlich an all den Beispielen, um Ihnen zu sagen: Was wir als Christen Glauben nennen, kann und darf nicht länger die Löcher unserer Unwissenheit über kausale Zu-

sammenhänge umschreiben, es darf sich überhaupt nicht auf bestimmte ursächliche Erklärungen beziehen; Glauben ist wesentlich die Beziehung eines Vertrauens zwischen Personen. Einer
menschlichen Person, Ihrer Frau, Ihrem Freund,
können Sie vertrauen, und Gott als absoluter Person können Sie vertrauen im Hintergrund von
allem Personalen. Glauben enthält keine Sachbehauptungen, es ist nicht der Ersatz für ein Wissen, es ist die Kennzeichnung eines ganz und gar
persönlichen Verhältnisses. In diesem Sinne können Sie sagen: »Ich glaube meiner Frau, weil ich
ihr vertraue. Was sie sagt, muss stimmen, das
glaube ich ihr. Das weiß ich nicht, aber ich glaube
es, weil ich ihr vertraue.« Da ist der Unterschied
zwischen den beiden Begriffen »Vertrauen« und
»Glauben« als »Nicht-Wissen« ziemlich deutlich.

Das Neue Testament spielt übrigens mit dem
Wort Glauben. Es kann mal heißen »an Christus
glauben«, es kann sagen: »Christus glauben« oder
»dem Christus glauben«, und dann gibt es halt
auch Sätze wie »Ich glaube, dass …«, und dazwischen liegt der ganze Unterschied zwischen
Glauben als persongebundenem Vertrauen und
sachbezogenem Fürwahrhalten.

Glauben als System von Dogmen

Doch es kommt noch schlimmer: Die Theologie, die wir gelernt haben, hat im Grunde dieses Vertrauen zwischen Personen ersetzt durch ein Dogmenwissen von Erkenntnissen, die objektiv bestehen sollen; und dann haben wir das Problem, dass wir am Ende aus dem persönlichen Verhältnis von Ich und Du, von Mensch und Gott nur noch ein Hersagen von Formeln übrig behalten haben. Das Bekennen des christlichen Glaubensbekenntnisses ist heute ein reiner Lehr-Formalismus geworden, der von der Existenz sich weit entfernt hat; er ist in keiner Weise mehr weiterzusagen als tragend für unsere Lebensform.

Deswegen müssen wir alles, was wir in der Bibel lesen, zurückbinden an das, was auf Hebräisch *ämuna* genannt wird; das ist *Vertrauen*. Das ist nicht ohne Weiteres mit Griechisch *pistis* zu übersetzen. Das Wort *ämuna* kennen Sie übrigens: Am Ende eines jeden Gebetes sagen Sie »Amen«, was heißen soll: So glaube ich, so spricht die Stimme Gottes in meinem Herzen. Paulus sagt das so: »Und wenn wir nicht wissen im Beten, was wir sagen sollen, wird sein Geist in uns reden, *abba*, lieber Vater« (Römer 8,15; Galater 4,5-6). Was also sagen wir, wenn wir bekennen: »Ich glaube an Gott, den allmächtigen Vater, Schöpfer des Himmels und der Erde«? Nicht: Ich habe eine Erklärung für die Ursache der Welt – das ist eine Sache der Naturwissenschaften; sondern: Ich glaube – wider alle Erfahrung – an die Liebe als Urkraft in allem; von ihr her verstehe ich mich selbst; von ihr möchte ich mein Leben durchwirkt und gestaltet sehen; und sie möge mir helfen, die Lieblosigkeit der Welt zu überwinden.

Dann bin ich bei der Frage, die Sie sehr notvoll und mir gut verständlich in den Raum stellen: Gott als Person. Dass Gott wesentlich Person ist, haben Sie nicht nur gelernt, das sollten Sie auch »glauben«. Aber was ist es dann mit der Welt? Sie ist vor unseren Augen im 20. Jahrhundert immer größer geworden, doch verweist sie damit nur umso mehr auf die radikale Kontingenz unseres Daseins, die durch keine Naturerkenntnis zu schließen ist.

Als 1915 Albert Einstein die allgemeine Relativitätstheorie zu Papier brachte, zehn Jahre nach der speziellen Relativitätstheorie mit der berühmten Äquivalenzformel von Energie und Masse, hatte er keine Vorstellung von der Größe unseres Milchstraßensystems. Albert Einstein wusste, dass, wenn die Gravitation, die er in der allgemeinen Relativitätstheorie physikalisch beschreiben wollte, in Geltung steht, es keinen Stillstand geben kann. Ganz simpel: Sie nehmen einen Stein und werfen ihn hoch. Es ist unmöglich, dass der Stein irgendwo stehen bleibt. Entweder ist die Beschleunigung so groß, dass er sogar aus dem Anziehungskraftfeld der Erde katapultiert wird wie eine Rakete, doch wahrscheinlich wird das so nicht sein; er kommt vermutlich ganz schnell in einer Parabelbahn wieder auf die Erde zurück. Solange Gravitation herrscht, kann es keinen Stillstand geben. Das, wusste Einstein, gilt für das ganze Universum – es müsste längst kollabiert oder explodiert sein. Also fügte er seinen Gleichungen eine neue Konstante hinzu, um gegen die Schwerkraft einen Stabilisationsfaktor einzubauen. Einstein glaubte um 1915 noch, die ganze kosmische Veranstaltung sei in ihrer Ausdehnung gerade so groß wie unsere kleine Galaxis – heute wissen wir, es gibt Milliarden Galaxien, und das Weltall ist viel größer.

Das Wissen darum führt für nicht wenige dazu, dass ihnen langsam schwindelig wird, wenn sie von Gott reden. Das war in den Zeiten vor Kopernikus im 16. Jahrhundert noch eine gemütliche Sache. Da saßen wir auf der Erde als einer Scheibe, darüber wölbte sich der Himmel, und daran waren wie Silbernägel die Sterne angebracht; und morgens ging die Sonne auf und abends wieder unter; da konnte man sich Gott schön vorstellen, wie er über den Wolken thront oder die Wolken zu seinen Gefährten nimmt (Psalm 104,3). Jetzt aber ist das Weltall offen und unglaublich groß in seiner Wirklichkeit. Wie da glauben?

Wir könnten uns vorkommen wie ein Kind, das gelernt hat, an seinen Vater zu glauben, in dem Sinne, dass er es schützt und Vertrauen auf sich lenkt.

Ich entsinne mich der Geschichte der kleinen Thérèse von Lisieux, die vor allem in Nordfrankreich mehr verehrt wird als die große Teresa von Avila. Sie erzählt, dass es eines ihrer Kinderspiele war, von ihrem Vater oben auf den Schrank gestellt zu werden und etwas zu tun, das Sie vielleicht auch schon mal probiert haben: herabzuspringen. Das ist gefährlich für ein kleines Kind,

71

von oben herab zwei Meter in die Tiefe, wo es doch selber noch keine fünfzig Zentimeter groß ist – oh Gott, oh Gott; aber sie tat es, Thérèse, weil ihr Vater unten stand und sagte: »Spring!« Und das nun wurde ihre Wonne. Sie sprang, sie stürzte hinab, und sie wurde aufgefangen. Das war der erste Beweis für die »kleine« Thérèse, wie sie sich immer nannte, für das, was Vertrauen ist.

Für uns heute gilt es zu lernen, dass Gott, der Vater, immer größer ist. Thérèses Vater war nur ein Mensch, er konnte nicht immer da sein. Eines Tages würde er sterben – auch er hatte seine Schwächen; doch hinter ihm wuchs in der Seele von Thérèse die Person von einem Vater beziehungsweise von einer väterlichen Macht auf, die ins Unendliche mitwächst mit der Erweiterung unseres Horizonts.

Was da so klein beginnt, ist in keinem Sinne ein Beweis für etwas; dennoch formt sich die Gestalt des Vaters zu einem Bild, das durch die Wand der Endlichkeit hinüberweist ins Unendliche; eine Erfahrung, die wir hier machen mit endlichen Personen an unserer Seite, formt sich zu dem Symbol eines Vertrauens, dessen Inhalt wir sammeln und der unendlichen Person Gottes zuschreiben. Das ist der entscheidende Unterschied zwischen Naturwissenschaft und Religion: Die Letztere begründet nicht mithilfe kausaler Erklärungen bestimmte Tatsachen und Tatbestände, sondern sie begründet den Sinn unserer Existenz inmitten dieser Welt; sie ist eine Weise der Daseinsauslegung, der Hermeneutik, nicht mithilfe von gegenstandsgerichteten Kategorien, sondern mithilfe von Symbolen, die das Subjekt eine andere Welt erträumen und erahnen lassen.

So also ist Glauben. Gott wird nicht kleiner, wenn die Welt größer wird, unsere Vorstellung von ihm wächst mit unserem Bewusstsein, und ihm ist unendlich viel mehr zuzutrauen, als wir bis dahin gemeint haben. Bis dahin haben wir ihm zugetraut, dass er von Zeit zu Zeit mal eingreift, wenn es nötig ist, doch das muss überhaupt nicht sein. Glauben besteht nicht in der Versicherung, es werde schon nichts passieren, Gott werde vor jeglichem Unheil uns bewahren; Glauben besteht in dem Vertrauen, standzuhalten, egal was kommt; Gott bleibt in unserm Herzen, und er geht mit uns.

So war der Gott des Jeremia. Er verhinderte nicht die Zerstörung Jerusalems im Jahre 587, er fing danach neu an, er schenkte innerlich den Vertriebenen Heimat, und am Ende schloss er einen Bund mit ihnen, gegründet auf das Wort der Vergebung: »Ich schreibe«, sagte er, »fortan meine Gesetze nicht mehr auf Steintafeln, sondern in euer Herz, und mein Wort wird lauten: Vergebung, nicht Strafe« (Jeremia 31,31-33). Seither lernen wir, unmittelbar zu Gott uns zu verhalten, ohne Priester, ohne Schrifterklärer, ohne Traditionsbindung, ohne große Ritualspiele, einfach, weil wir da sind und weil Gott zu uns so ist.

Jeremia konnte übrigens den Deportierten im Zweistromland schreiben, sie sollten dort ruhig sesshaft werden. Er denkt ganz anders als etwa der Zweite Jesaja ein paar Jahrzehnte später, der sich vorstellt, Gott werde ganz neu anfangen, indem er aus dem zerschlagenen Baum einen neuen Sprössling treiben lässt.

Für Jeremia geht die Lektion aus der Katastrophe weit tiefer. Nichts stimmt mehr, was äußerlich bleibt. Gott geht mit uns durch die Nacht, egal was geschieht – das ist Jeremia. – Nur so, im Übrigen, verstehen Sie auch die Existenz Jesu zwischen Getsemane und Golgota. Es ist möglich, nichts zu sehen und deshalb zu glauben, um durch das Dunkel und die Finsternis ins Licht zu treten.

Wichtig ist dabei zu betonen, dass Gott auch deshalb nicht »evolutiv« gedacht werden sollte, weil es dann nicht nur kein Jenseits der Natur mehr gäbe, sondern auch keine verbindliche Wahrheit; was wahr ist, wäre mit dem identisch, was sich durchsetzt, und es hätte nichts zu tun mit den Fragen nach Gut und Böse, nach Menschlich und Unmenschlich, nach Gütig und Grausam. Was als wahr erscheint, könnte sich erst am Ende der Geschichte zeigen – erst dann wäre Gott wirklich; bis dahin aber gäbe es nur die Unwahrheit oder die Lüge, und kein Mensch wüsste, wie Wahrheit daraus entstünde.

Auferstehung oder: Vertrauen in Gottes Ewigkeit

Sie fragen nach Auferstehung: In *dem* Zusammenhang fällt mir ein Bild von Georges Rouault, einem französischen Maler, ein, der auch bleiverglaste Kirchenfenster gemalt hat, immer im Widerstand übrigens gegen die Justiz. Irgendwann hat er vor lauter Wut Bilder verbrannt, weil man Steuern von ihm forderte auf Werke, mit denen er nie Geld verdient hatte; mindestens zwei Bilder hat er gemalt unter dem Titel »Die Richter«; von Vertrauen in die Institution der Justiz ist da absolut keine Rede. Auf den Bildern haben Sie vor sich gleichgültige, dumm-dreist dreinguckende, gesetzesgestützte Idioten von Richtern, aber *die* entscheiden über menschliche Schicksale.

Dieser Georges Rouault also hat ein Bild gemalt: »Auferstehung«. Sie sehen darauf nichts weiter als eine schwarze Wand, davor einen Totenschädel – Aussichtslosigkeit und dunkle Endgültigkeit mithin und darin die Frage an den Betrachter: »Wenn die Welt damit enden würde, hörte dein Leben jetzt schon auf, wenn du dir dessen bewusst wirst? Es ist angesichts der restlosen Tödlichkeit des irdischen Daseins nur möglich zu leben, indem du diese Finsternis auf meinem Bild durchbrichst. Das heißt, an Auferstehung glauben.«

So erklärt sich, dass der Karfreitag sich auf Ostern öffnet. Jesus konnte nicht glauben, es gehe gut mit ihm und mit seinen Jüngern weiter. Die Jünger werden aus lauter Angst fliehen, wie Sie wissen. Und noch unter dem Kreuz wird es weitergehen mit den Schrifterklärern. Die beweisen, dass es ganz richtig war, Jesus zu ermorden, denn:

»Verflucht ist, was am Kreuze hängt.« So steht es im Gesetz (Deuteronomium 21,13). Es geht natürlich unbeirrt weiter auch mit der römischen Politik. Pilatus hat nur gemacht, was er musste, um möglichen Unruhen vorzubeugen. Und genauso wird es weitergehen mit der Soldateska – die hat nur auf Befehl, in Gehorsam, getan, was sie sollte. Diese Kerle sitzen abends in der Kneipe und trinken sauren Wein – bessern gibt's nicht für die Legionäre in den Kolonialgebieten.

Alles geht weiter, wie gehabt. Nicht einmal die Worte, die im Herzen Jesu lebten, haben eine Garantie, sich weiterzutragen. Das Einzige, was Jesus hoffen mochte, ist, dass die Sonnenfinsternis am Karfreitag, von der Markus (15,33) redet, ein neues Licht erstehen lässt in unseren Herzen. Das Erdbeben unter den Füßen, als Jesus stirbt (Matthäus 27,51), könnte die alte Welt zum Einsturz bringen und eine neue Welt eröffnen, in der wir dieser bestehenden standhalten in ihren Umdunkelungen, Verfinsterungen und Brüchigkeiten. Man muss und darf mit Jesus lernen, sich ganz und gar in Gottes Hand zu geben, hoffend, dass jenseits der Schranke des Todes sein Himmel sich öffnet für uns alle und bestätigt, was Jesus von

Gott als seinem Vater her in die Welt hat bringen wollen: eine Güte, die den Tod überwindet, die alle Schuld abträgt durch Verstehen und Vergeben und die uns zusammenführt in der Gemeinsamkeit aller.

Dann fragen Sie nach Fridays for Future, nach den Abendmahlsgemeinschaften der Kirchen und anderem, wie der Digitalisierung.

Naturschutz ist weit mehr als Klimapolitik

Beginnen wir mit der Umweltproblematik. Bei Fridays for Future habe ich mit Freuden festgestellt, dass es langsam zu dämmern beginnt, dass unser Umgang mit der gesamten Natur ringsum destruktiv ist. Was ich dabei bedauere, ist die Tatsache, dass der Appell gespeist wird von Angst: Wir, die Jugendlichen, müssen fürchten um unsere Zukunft, die ihr, die Erwachsenen, uns gerade verbaut. Das ist nicht ganz falsch gedacht, das tun wir, die Erwachsenen, wirklich. Nur: Es lässt sich nicht auf die Klimaerwärmung reduzieren. Was wir anrichten, ist das Ergebnis eines komplett falschen Weltbildes. Wir legen gerade eine Querschnittslähmung durch den ganzen Motor der Evolution. Jeden Tag sterben auf dieser Erde

175 Pflanzen- und Tierarten aus – es gibt sie nicht mehr. Das geht seit über vierzig Jahren so und hat scheinbar von den uns Regierenden niemanden wirklich gestört. Herr Töpfer immerhin hatte das begriffen, aber kaum ein anderer, und auf ihn wiederum hat niemand gehört. Wir hatten einen Kanzler, Helmut Kohl, der uns frohgemut erklärte, dass wir die Urwälder ruhig abholzen könnten, denn wir könnten sie ja wieder aufforsten. Also, wenn solche Ökologen uns regieren, ist die Irrenanstalt geschlossen, da gibt's gedanklich kein Entrinnen mehr. Wir folgen politisch einer strukturell falschen Gleichung, wonach Ökonomie und Ökologie nicht nur gut vereinbar sind, sondern sich sogar bedingen: Nur eine wachsende Ökonomie garantiere eine gesunde Ökologie. Das habe ich gehört, seitdem ich denken kann: Nur eine starke Wirtschaft ermögliche uns einen nachhaltigen Naturschutz. Geglaubt habe ich das nie.

Wenn etwas uns vom Gegenteil überzeugen kann, ist es die sichere Tatsache, wie Tiere und Pflanzen rücksichtslos großflächig ausgerottet werden, und das jeden Tag. Ein Beispiel im Kleinen: Da, wo ich wohne, konnte ich ursprünglich die Türe zum Balkon hin des Nachts nicht offen halten, wenn ich schrieb; denn dann sah ich, wie Insekten zum Licht hineinkamen, und ich musste die Tür schließen, damit sie sich nicht die Flügelchen an der Birne der Lampe verbrennen. Vor spätestens 25 Jahren schon begann es, dass kaum noch Insekten hereinkamen, wenn ich nachts arbeitete. Heute, definitiv, kommen keine Insekten mehr in die Wohnung, absolut keine – die ganze Nacht kein einziges Insekt; es gibt sie nicht mehr. Gleichermaßen verschwinden die Schwalben. Es ist dieses Jahr der erste Sommer, an dem ich in Paderborn bisher keine einzige Schwalbe zu Gesicht bekommen habe; dass es so werden würde, war vorhersehbar. Vormals flogen die Mauersegler am Hochhaus, vom Wind getragen, bis zum achten Stockwerk empor; das ist vorbei. Schwalben leben nun einmal von Mücken und Fliegen.

Das alles konnte man *wissen*, aber das wollte man nicht wissen, denn wir haben eine Wirtschaft, die nur im Wachsen sich erhalten kann; sie ist wie ein Fahrrad: Wenn Sie nicht in die Pedale treten und vorankommen, fällt es um. Wachstum gehört zwangsläufig zum Kapitalismus, und wer diesen Wachstumswahn nicht kritisiert, sollte aufhören, etwa in der Politik der Grünen, zu beschwören, wir hätten aber doch die Möglichkeit, Wirtschaftswachstum und Natur miteinander zu versöhnen. Die einzige Art, die Natur zu schützen vor den Menschen, ist die Beendigung der kapitalistischen Wirtschaftsform.

Diese Forderung klingt kommunistisch, geht aber viel weiter. Im Marxismus ist der Mensch ein Produkt seiner eigenen gesellschaftlichen Arbeit, und demgegenüber besitzt die Natur keinen Eigenwert. Wie im Kapitalismus hat Wert nur das, was durch menschliche Arbeit geschaffen wird; die Natur taucht in diesem Weltbild nur auf als Ressource zur Kapitalvermehrung. Wie aber erkennen wir die Tiere, die Pflanzen, die Meere, die Wälder als eigene menschenunabhängige Werte an? Dazu müssten wir nicht zuletzt auch das christliche Weltbild ändern, das den Menschen in den Mittelpunkt der Natur rückt und als Krone der Schöpfung, als Herrscher über die Welt betrachtet. Solange wir so denken, wird es unmöglich sein, zu erklären, die Menschheit müsse aufhören, sich weiter auf 11, 15 oder 20 Milliarden Menschen zu vermehren, damit Lemuren auf Madagaskar oder Kolibris in Südamerika in ihren immer kleiner werdenden Rückzugsräumen eine Chance zum Überleben behielten. Stattdessen schaffen wir das Anthropozän – eine Welt, die einzig für den Menschen da ist und in der nichts mehr leben soll, als was den Lebensinteressen des Menschen dient. Irgendwann, bald schon freilich, werden wir merken, dass wir mit der Natur uns selber abschaffen; am Ende braucht es auch keine Menschen mehr.

Vergessen hatte ich noch im Vortrag zu sagen, dass es auch ein Irrtum ist zu glauben, wir könnten mit Ethik ein neues Bewusstsein schaffen, um bessere Programme zu erstellen. Mit ethischen Appellen vermehren wir nur die Schuldgefühle. Deshalb habe ich eine Scheu zu erklären, wie Steinmeier es gerne hätte: Ein jeder hat seine Menschenwürde; so stehe es in der Verfassung, im Grundgesetz. Natürlich steht es da. Aber solange es nicht in uns steht, solange es nicht ein Wertfühlen gibt, das uns verbindet, hat es keine Wirksamkeit und Gültigkeit. Die jetzt auf die Straße gehen und als Jugendliche für ihre Zukunft, mit Recht natürlich, den Klimaschutz reklamieren, müssten das Thema Tierschutz artikulieren. Solange ich davon nicht höre, dass es ein wirkliches

Leiden gibt an der geschundenen Kreatur, glaub ich den Paraden auf den Straßen nicht wirklich.

Sagen wir so: Wem es kein Problem ist, Tiere gequält zu sehen – 6000 Schweine in Boxen, in denen sie, selbst wenn sie ein Junges kriegen, nicht einmal sich um die eigene Achse drehen können, Hühner zu 20 000, zu 100 000 vor den Futterlaufbändern – wem all das kein Problem ist, bis dahin dass er seine Lebensgewohnheiten ändert, dem glaub ich nicht, dass er ernsthaft für die Rettung der Umwelt eintritt.

Das Klima droht zu einem neuen Fetisch zu werden. Übrigens muss man dabei sagen, dass wir, geologisch gesehen, in einem Interglazial, einer zwischeneiszeitlichen Phase, leben. Seit mindestens 12 000 Jahren erwärmt sich das Klima – eine der Folgen davon ist die Nordsee. Die skandinavischen Gletscher sind abgeschmolzen, und aufgelaufen ist dieser Seitenarm des Atlantiks; davor, noch vor 6000 Jahren, paarte sich die Elbe mit der Themse irgendwo bei Helgoland – es gab keine Nordsee. Seit 2000 Jahren haben wir die Dünkirchen-Transgression, einen Meeresanstieg pro hundert Jahre um etwa zwei Zentimeter, ganz ohne den Menschen.

Wenn wir von Klimaerwärmung sprechen, müssten wir demnach den Faktor kalkulieren können, der durch unsere technologisch bedingten Einträge, zum Beispiel durch CO_2, aber viel wichtiger noch durch Methangas, in die Atmosphäre zur Beschleunigung der Entwicklung der Erwärmung beiträgt. Das alles scheint mir durchaus nicht so klar, wie es seit etwa zwei Jahren gesagt wird, aber richtig ist, dass wir kein Recht haben, mit der Natur so zu verfahren, wie wir es tun. In der menschengemachten Klimaerwärmung meldet sich zum ersten Mal weltweit spürbar die Natur mit den Schäden zurück, die wir ihr antun, und erschrocken stellen wir fest, dass unser Wirtschaftssystem uns belügt: Nur scheinbar führt der Kapitalismus dahin, die einzelnen Produkte ständig zu verbessern und zu verbilligen, im Ganzen muss die Natur die Kosten dafür bezahlen, und sie werden unbezahlbar teuer. Insofern ist der Klimawandel eigentlich ein Warnschild, das uns zeigt, in welch einer Sackgasse wir stecken. Wir müssen die gesamte Art ändern, wie wir mit der Natur verfahren.

Dann ist nicht der Stickstoffausstoß unserer Automotoren, der Diesel- oder der Ottomotoren, das Wichtige. Weit wichtiger ist die unverantwortliche Verbrennung der tropischen Regenwälder. Es kommt dadurch nicht nur zu einem gewaltigen Ausstoß von CO_2; die tropischen Regenwälder wären der wichtigste Absorber für das CO_2. Doch spielt das politisch scheinbar keine Rolle. Bolsonaro ist gerade dabei, in Brasilien die Rodung des Amazonaswaldes voranzutreiben. In Borneo, auf Sumatra haben Sie die Rauchfahnen seit vierzig Jahren; die werden freilich nur wahrgenommen, wenn sie bis nach Singapur die Atemluft verpesten; dann steht es in der Zeitung.

Und so geht es weiter; denn wir brauchen Palmölplantagen, wir brauchen Sojaplantagen für das Viehfutter, wir brauchen Rapsplantagen zur Erzeugung von Biosprit, wir brauchen alles Mögliche. Und alles auf Erden gehört uns, weil wir's brauchen. An dieser Fehleinstellung müssten wir anfangen, und wenn wir das der Jugend beibrächten, wäre wirklich viel gewonnen.

Auch könnten und müssten wir der Jugend beibringen, dass die Fortsetzung der Kriegsbereitschaft, wie schön es doch beim Militär sei – entsprechend der Werbeveranstaltung der Bundeswehr noch am letzten Sonntag –, eine grandiose

Lüge ist. Militär bedeutet, zu trainieren, wie man Menschen tötet auf Befehl. Darf man zulassen, dass 16-jährigen Mädchen durch Werbeoffiziere beigebracht wird, was für ein schöner Beruf die Bundeswehr sei – und es gibt keinen Protest? Fridays for Future sollte allemal bedeuten: »Offiziere der Bundeswehr, raus aus den Schulen!« Das wäre doch mal was. Das höre ich aber nicht. *(Applaus)*

Dann müssten wir noch ein paar Sätze sagen zu der Beziehung der alten zu den jungen Leuten – sie bricht gerade auseinander, nicht zuletzt durch die Tatsache, dass die Älteren immer älter werden – achtzig im Durchschnitt und noch mehr. Ich habe keinen Grund, darüber zu klagen, aber es ist ein wirkliches Problem, dass die Jungen langsam den Verdacht bekommen, sie arbeiteten ihr halbes Leben, um die alten Leute zu versorgen, die nicht zur rechten Zeit sterben können, und das verbaue ihnen die Zukunft; auch da ist irgend etwas nicht stimmig. Ich kann sehr verstehen, dass Herr Spahn macht, was er gerade zu beginnen scheint: Er müsste unbedingt für die Pflegeberufe die Löhne steigern und eine aktive Werbung einleiten. Ich kenne keinen, der aus irgendeinem Krankenhaus kommt und nicht kla-

gen würde über die Überbelastung des Pflege-
personals; in der Altenpflege das gleiche Bild. Ich
sehe bei Gott nicht, wieso wir auf zwei Prozent
des Bruttoinlandsprodukts zur Steigerung des
Militärhaushalts kommen müssen, nur weil die
USA es so wollen, damit wir imperial weiter unsere Hegemonialspiele vorantreiben können. *(Applaus)* Wenn die USA es für sich als vorteilhaft
erachten, 700 Milliarden Dollar jährlich zum
Aufbau ihrer Weltraumarmee, für ihren Cyber-
krieg aufzuwenden, sollten wir ihnen nicht folgen, sondern das Gegenteil tun. Wir brauchen
Menschen für Menschen, die nicht weiterwissen;
einzig was da zu tun ist, bleibt letztlich unbezahlbar; dafür lohnt es sich »nachzurüsten«.

Zur Digitalisierung oder:
Menschen brauchen Menschen

Irgendwie sind wir damit auch bei Ihrer letzten
Frage, der Digitalisierung, angekommen. Mir
scheint das ein übler Scherz zu sein, der aber bit-
ter ernst gemeint ist, dass wir das nötige Pflege-
personal ja auch durch Alexa-ähnliche Computer
ersetzen könnten. Da liegt also jemand quer-
schnittsgelähmt im Bett, aber er kann, allein in-

dem er spricht, einen sprachfähigen Computer dahin bringen, dass er ihm das Essen apportiert, den Kühlschrank öffnet oder auch die richtigen Versorgungsmittel bestellt. Wir brauchen scheinbar gar keine Menschen mehr, wir haben doch Geräte, die dafür sorgen – ja, wofür eigentlich: dass unser Leben bis zur Sinnlosigkeit zerstört wird.

Es kommt hinzu, dass der Umgang mit uns selber durch die Verselbstständigung der Computer zunehmend dehumanisiert und depersonalisiert wird. Wann sehen wir noch Personen? Wann erlauben wir uns, nicht nur objektiv wissenschaftlich erkennen zu wollen, sondern von dem anderen durch Einfühlung zu lernen?

Erklären und Verstehen

Vielleicht ist das ein guter Abschluss, darauf hinzuweisen, dass es zwei grundverschiedene Zugangsweisen zur Wirklichkeit gibt, die sich in etwa mit dem Unterschied von Wissen und Glauben berühren, den wir vorhin besprochen haben. Um 1910 war es Wilhelm Dilthey, der unterschied zwischen Erklären und Verstehen. Das Erklären verlangt ein Subjekt, das einen Gegen-

stand objektiv erkennen will und dazu Erkennt-
niskategorien einsetzt, die den Forschungsgegen-
stand objektiv beweisbar in einen entsprechenden
Zusammenhang stellen. So geht etwa Ihr Arzt
mit Ihnen um, wie im Vortrag gezeigt, wenn er
Ihnen seine Diagnose stellt. Eine solche Diagnose definiert objektiv Ihre Erkrankung, bietet aber
keine Antwort, wie Sie leben mit Ihrer Krankheit,
schon gar nicht, wenn diese sich als unbehandel-
bar darstellt. Was machen Sie als Person mit Ihrem Schmerz, was mit dem Gefühl, dass Sie in Ihrem Leben, wenn es jetzt ausläuft, vieles umsonst
getan haben, das sich nicht mehr auszahlt? Wie
gehen Sie um mit den Schuldgefühlen, dass Sie
Menschen zurücklassen, für die Sie nicht mehr da
sein können? Das alles sind Fragen, auf die kein
Arzt antworten wird.

Deshalb ist es sehr wichtig, dass Dilthey sagte,
es gebe einen grundverschiedenen anderen Zu-
gangsweg, das sei das Verstehen. Verstehen ist das
Ende der Subjekt-Objektspaltung; es ist ein Dia-
log zwischen Ich und Du; zwei Subjekte sind da
im Gespräch miteinander, und was Sie dann vom
anderen hören, ist notwendig, um ihn zu verstehen; Sie wissen nicht, wie der Arzt nach fertigem

Erkenntnistableau, wer der andere ist. Sie müssen zuhören und nur das Vertrauen, das Sie bei dem anderen verdienen, wird ihm das Herz und den Mund öffnen, dass er Ihnen sagt, was ihm wichtig ist. Immer weiter können Sie sich dann hineintasten in das Labyrinth seiner Seele, um ihn zu verstehen.

Dieser Vorgang des Verstehens, des Gesprächs zwischen Ich und Du, ist derjenige, der mit Religion zu verbinden ist und in dem Verstehen und Vertrauen und Geborgenheit und Liebe eine Einheit bilden zwischen Himmel und Erde.

Von Angesicht zu Angesicht

Was, fragen Sie dann, ist es mit der Auferstehung? Genau dies. Augustinus hatte völlig recht, als er sagte: »Auferstehen ist unser Glaube, Wiedersehen unsere Hoffnung, Erinnern unsere Liebe.« Ohne diese Zuversicht wüsste ich nicht einen Tag in dieser Welt zu leben. Es ist mein Glaube, meine Hoffnung und meine Liebe, dass es sich so und nicht anders verhält. Wie aber können wir das im Abendmahl, in der Eucharistie feiern? Nur, indem wir davon sprechen im Sinne Jesu. Wann immer wir zusammen sind, sollten wir verkünden seinen Tod und seine Auferstehung bis zu seiner Wiederkunft (1. Korinther 11,23-26) – bis er so auf uns zukommt, dass wir ihn berühren können.

Das Matthäusevangelium hat recht: Der Engel am Grabe sagt dort den Frauen am Ostermorgen, sie sollten nach Galiläa gehen, dort sei er ihnen voraus. Er meint: Jesus ist nicht tot, sondern alles, was er am See Genezareth sagte, ist unser Leben, und wenn wir dahin zurückgehen und nicht denen glauben, die gemeint haben, sie könnten die Ruhestörung des Mannes aus Nazareth beseitigen und versiegelt im Grabe beerdigen, so wird er unterwegs uns als Christus selber entgegenkommen (Matthäus 28,5-9). So sitzen wir denn beim Abendmahl zusammen, und es ist dieses Glück einer Gemeinsamkeit, in der Angst, Misstrauen, Aggression, Zerspaltenheit, Interessengegensätze allesamt keine Rolle mehr spielen. Es ist spürbar etwas von dem gegenwärtig, was Jesus auf die Welt bringen wollte, als er verkündete: »Das Himmelreich ist da« (Markus 1,15).

Ich habe das ganz ernst gemeint am Anfang – es ist mir ein ganz großes Geschenk zu meinem Geburtstag, bei Ihnen sein zu dürfen mit der Anrede

»Meine lieben Schwestern und Brüder«. *(lang-3928anhaltender Applaus)*

Das muss ich noch loswerden: Wenn man 79 wird, weiß man nie, soll man gratulieren oder kondolieren. Ihretwegen und Leuten zuliebe, die so sind wie Sie, möchte ich's gerne noch ein paar Jahre weiter tun.

Danke schön.

(Applaus)

Magdalene Bußmann: *So, ich muss jetzt den Applaus leider unterbrechen, weil Herr Drewermann weg-muss. Aber ich möchte das nicht tun, ohne Ihnen, Herr Drewermann, in unser aller Namen ganz herzlich zu danken. Dem möchte ich nichts hinzu-fügen. Ein ganz kleines Dankeschön – es ist kein adäquates Geburtstagsgeschenk, und bleiben Sie uns treu und gewogen. Maybe, wir sehen uns beim Ökumenischen Kirchentag 2021 in Frankfurt, und alles Gute, alles Liebe. Und bleiben Sie wü-tend, zornig und unbequem.*

Danke!